蒙古族

历史与文化

徐福玲 著

内蒙古人民出版社

图书在版编目（CIP）数据

蒙古族历史与文化 / 徐福玲著. -- 呼和浩特 : 内蒙古人民出版社，2017.7

ISBN 978-7-204-14888-2

Ⅰ. ①蒙… Ⅱ. ①徐… Ⅲ. ①蒙古族－民族历史－中国 ②蒙古族－民族文化－中国 Ⅳ. ①K281.2

中国版本图书馆CIP数据核字(2017)第191210号

蒙古族历史与文化

作　　者 徐福玲
责任编辑 李　鑫
封面设计 王徐丽
责任监印 王丽燕
出版发行 内蒙古人民出版社
地　　址 呼和浩特市新城区中山东路8号波士名人国际B座5楼
网　　址 http：//www.impph.com
印　　刷 内蒙古恩科赛美好印刷有限公司
开　　本 787mm×1092mm　1/16
印　　张 14.625
字　　数 210千
版　　次 2017年7月第1版
印　　次 2018年1月第1次印刷
印　　数 1－5000册
书　　号 ISBN 978-7-204-14888-2
定　　价 58.00元

目录

蒙古族历史

蒙古族有着悠久的历史，一般认为蒙古族始源于古代望建河（今额尔古纳河）东岸一带。13世纪初，以成吉思汗为首的蒙古部统一了蒙古地区诸部，蒙古最初只是蒙古诸部落中的一个以东胡为族源的部落所使用的名称，后来这个部落逐渐吸收和融合了聚居于漠北地区的森林狩猎和草原游牧部落，蒙古发展成为这些部落的共同名称。

/ 蒙古族的祖先 /

《蒙古秘史》开卷即载："成吉思汗的根源乃奉天命而生的孛儿帖·赤那，和他的妻子豁埃·马阑勒，渡过腾吉思来到斡难河源头的不峏罕·合勒敦山扎营下来。他们生下的儿子名为巴塔赤罕。"

孛儿帖·赤那（蒙古语，蒙古部落祖先的人名，最早汉译为"苍狼"），大约生活在公元8世纪中叶，是蒙古部落（蒙兀室韦）首领，成吉思汗二十二代祖。是他带领蒙古尼伦部西迁到斡难河源头，开创了后来的蒙古民族蓬勃发展之路。

由于蒙古部落的不断发展，其"所占的地域显得日益狭窄"。经商量，孛儿帖·赤那率领部众开始了著名的西迁。"宰杀了七十头牛马"，用皮"作成了风箱"，煽起熊熊烈焰，"直到山壁熔化"，"从那里获得了无数的铁"，开辟了通道。蒙古部落男女老幼乘着马，驾着幌车，赶着牲畜，走出深邃的森林地区，经"腾吉思水"，穿过大片草原、沙漠和山林，来到斡难河源头，亦即不儿罕山地区住下来，终于完成这次大规模西迁。 这就是蒙古历史上代代相传的额尔古涅·昆的传说。

孛儿帖·赤那有许多妻子和孩子。"长妻"叫豁埃马阑勒（蒙古语，最早汉译为"白鹿"），他们生下的儿子叫巴塔赤。孛儿帖·赤那死后，儿子巴塔赤成为该部首领，称"巴塔赤合罕"。这支人，当是蒙古民族正宗部分的"源头"。

/ 阿阑豁阿五箭训子 /

《蒙古秘史》生动记述阿阑豁阿五箭训子的故事。

阿阑豁阿让孩子们并排坐下后，给每人发了一支箭，令他们折断。孩子们很容易地折断了各自的一支箭。然后，阿阑豁阿又把五支箭捆到一起交给孩子们去折。孩子们费了很大劲，最终都未能折断这捆在一起的五支箭。于是阿阑豁阿对孩子们说："你们五个全是我生的，若不齐心，会像单支箭那样容易被人折断，如能协力，就会像捆好的五支箭一样不易被人对付!"这就是蒙古历史上闻名于世的"阿阑豁阿五箭训子"的典故。

阿阑豁阿大约生活在10世纪。她养育了孛儿只斤黄金家族的祖先孛端察儿，所以，不仅是孛儿只斤黄金家族的祖母，也是包括成吉思汗在内的所有蒙古人的圣母。她以"五箭训子"这样绝妙的方式诠释了一条永恒不朽的人生真谛。

"五箭训子"是提倡团结精神的经典故事，在蒙古族历史上流传最广、最深入人心的典故之一。在日常生活中，长辈们常常用这一典故教育自己的后代。

图片来自王延青主创《蒙古历史油画长卷》

/ 千年风云第一人—— 成吉思汗 /

千年风云第一人不仅在现今中国，在世界上也是妇孺皆知。在《沁园春·雪》里，毛泽东称成吉思汗为“一代天骄”。什么叫“天骄”呢？“天骄”就是“天之骄子”的简称。汉朝称匈奴人为“天之骄子”，意思是匈奴所以强盛，是上天娇宠的结果（亦有他种解释）。毛泽东称成吉思汗“一代天骄”，是因为成吉思汗在历史上曾经叱咤蒙古高原，统一蒙古各部。他统率蒙古铁骑，改写了世界历史的进程。

公元 1162 年，蒙古部落的一位英雄也速该首领（铁木真的父亲），率众攻打塔塔尔部获胜，塔塔尔部首领名叫铁木真兀格。十分凑巧的是，当也速该凯旋回到鄂嫩河畔的帐幕时，他的妻子诃额仑恰好为他生下一子，依照蒙古记功的习惯，也速该以所俘首领的名字为儿子起名为铁木真。铁木真九岁那年，父亲带他到弘吉剌部求亲，在也速该回来的路上，经过塔塔儿人的营盘。塔塔儿人酒肉款待，却暗中下毒，也速该回到家中便不治而亡，铁木真家从此中落。

铁木真在极为艰苦的环境下长大，他忍辱负重，重振家业。几多失败，几多胜利，铁木真不仅懂得了谋略，而且学会了拼杀。他能够运筹帷幄，决胜千里；也能够身先士卒，冲锋陷阵。他麾下之军队有严明的纪律，灵活巧妙的战术。他联合王罕、札木合击败了篾尔乞人，消灭了毒死他父亲的塔塔尔部落，报了杀父之仇。之后，他又同王罕合兵，打败了札木合；紧接着又消灭了王罕，最后战胜了当时蒙古高原最强大的乃蛮部落。至此，铁木真统一了蒙古高原各部，于 1206 年春，在斡难河源头建立大蒙古国，颁布“大札撒”法典。

图片来自恩和《成吉思汗》

成吉思汗画像（1162—1227）

世界上最早的成吉思汗画像（元代），现藏国家博物馆，国家一级文物

1206年春，铁木真在斡难河源召开忽里勒台大会，即大汗位，号“成吉思”，建立了大蒙古国。之后，成吉思汗发动了13世纪世界上最大规模的对外军事进攻。蒙古军队的足迹遍及亚、欧两大陆的广大地区，征服了许多国家，为各国文化的交流做出了不可磨灭的贡献。成吉思汗的对外军事扩张，主要可以分为两个方面，即西征和南下。西征的结果是逐步形成了蒙古四大汗国，分别是：钦察汗国、察合台汗国、窝阔台汗国和伊儿汗国。其子孙经历了70多年的南下征服，最后创建了规模空前的元王朝。

成吉思汗曾三次率兵征讨西夏。1227年，最后一次对西夏用兵时，成吉思汗身负重伤，且因天气炎热导致病势加重。他预感不久于人世，留下遗言，立窝阔台为大汗继承人。又根据自己多年对金战争的经验，制定好灭金国的战略。窝阔台遵循遗言，灭了金，为元朝的大统一奠定了基础。

成吉思汗的成功，得益于他的雄才大略。他“深沉有大略，用兵如神，故能灭国四十，遂平西夏”。即使在最困难的时候，他仍能不屈不挠、奋斗到底。他善于抚众，不拘一格地使用人才，有超人的组织才能，在他的帐下聚集了来自各个部落、各个国家的杰出人物；他具卓越的军事天赋，能制定正确的战略，充分发挥了骑兵的优势，攻无不克；他深明治国之道，创立了游牧帝国的统治秩序。他下令创造蒙古文字。在他身上，集中体现了一个成功人物所应具备的诸多品质，不愧为“一代天骄”。他永远是蒙古人心目中的祖圣。

美国《华盛顿邮报》以“拉近了世界，缩小了地球”为依据，评成吉思汗为“千年风云第一人”。成吉思汗在历史上创造了许多辉煌的极限，《千年风云第一人》的作者巴拉吉尼玛、额尔敦扎布、张继霞根据各国学者的研究成果，概括为“十二个世界之最”。

1 创建了世界上版图最大的帝国
2 发动了人类历史上规模最大的战争
3 最早建立了运输联络系统
4 将军事艺术推向冷兵器时代的最高峰
5 人类历史上最大的成功者
6 世界历史上影响最大的人物
7 最早实行政治民主的帝王
8 千年来世界最富有的人
9 世界上受祭祀最多的帝王
10 奉行最自由的宗教信仰政策
11 最早提出并实践了“全球化”
12 一生留下了最多的“谜”

蒙古骑兵

成吉思汗是蒙古骑兵的鼻祖。他根据蒙古社会以游牧狩猎经济为主的特点，使大蒙古帝国全体军队骑兵化，组建了人类历史上举世无双的强大骑兵。

蒙古骑兵体格强壮，能适应战斗的需要；他们能在快速撤退时回头射击跟在其后的敌人；能够吃苦和忍耐严酷的气候条件，不贪图安逸舒适和美味佳肴。是中世纪一支训练有素、纪律严明、战术灵活、智勇兼备、令人生畏的旋风部队。不容忽视的是：训练过程中形成的那种严格的纪律制度，使他们个个都服从命令，严谨不怠，这在中世纪的其他军队中是闻所未闻的。

蒙古骑兵速度惊人，是战争中最好最快的进攻武器，集中兵力、快速机动、长驱直入、纵横驰骋、摧枯拉朽、所向无敌。成吉思汗将蒙古骑兵的威力发挥到了极致，创造了军事史上的辉煌，达到了冷兵器时代的战争艺术的巅峰。

/ 大札撒 /

《成吉思汗法典》又称雅萨法典、青册，世界上第一部应用范围最广泛的成文法典。在当时的大蒙古国具有最高权威性，是大蒙古国的根本大法。古本于元末明初的战乱中散失。古代蒙古部落首领对众发布的命令称为“札撒”。成吉思汗建立大蒙古国后，将原有的训令，写成法规，史称《大札撒》或《撒札大全》，汉语叫《令》。

图片来自包巴雅尔编绘《蒙古族历史人物肖像集》

忽必烈

忽必烈文治武功，可谓千古一帝，泽被后世。成吉思汗逝世后，蒙古军队势如破竹，灭了西夏和金，同南宋小朝廷只隔一条淮水。1251年蒙古国的汗位由蒙哥（忽必烈的哥哥）继承，他把漠南的军事大权完全交给了忽必烈。公元1258年，蒙哥派忽必烈进攻鄂州（湖北），派大将兀良合台攻潭州，自己则亲率大军过六盘山，进攻四川。蒙哥在征南宋攻打四川合州时中了箭，死在军营中，而忽必烈的弟弟阿里不哥正乘机图谋汗位。忽必烈得知这一消息后，马上同南宋签订和约，迅速率兵北上。1260年，忽必烈在部分蒙古军政要员的支持下，在开平府抢先登上汗位。1271年，忽必烈下诏改国号，把蒙古汗国更为大元帝国，此前七年，改燕京为中都，即今天的北京。1272年，他又把中都改为大都，并宣布在此建都。元大都成了世界的政治中心。

第二年，忽必烈接受群臣朝贺，正式把都城迁往大都。六年后，也就是1279年，忽必烈彻底消灭了腐朽没落的南宋王朝，完成了国家的大统一。忽必烈实现了历史上空前规模的大统一，结束了从唐末以来战乱不止的分裂局面，为中国历史的推进做出了贡献。忽必烈曾让八思巴管理西藏。八思巴是当时西藏喇嘛教萨迦派的首领，7岁就被誉为神童，能诵经数万言，且能通晓其大意。1264年，忽必烈下诏，让八思巴全权负责佛教和藏族地区的一切军政大事。忽必烈敢把这样的重任交给八思巴，其魄力之大，见识之高，可以想见。结果，八思巴不仅把西藏治理得井井有条，而且促进了多民族的文化交流。忽必烈此举，基本结束了西藏300余年的战乱局面。

忽必烈与帝师八思巴

忽必烈与元大都

忽必烈狩猎图

成吉思汗与童年忽必烈

图片来自王延青主创
《蒙古历史油画长卷》

1224 年初春，当成吉思汗结束了著名的西征，班师东还的途中，留居在蒙古草原的亲属们专程远道前来迎接。他们包括成吉思汗的幼子拖雷的两个儿子。一个是日后元王朝的创建者世祖忽必烈，当时年仅九岁，另一个是波斯伊利汗国的奠基者旭烈兀，七岁。这一行人伴随成吉思汗边走边打猎，在乃蛮境内的一次围猎中，忽必烈射到一只野兔，旭烈兀射到一只野山羊。按照突厥一蒙古人的习俗，孩子第一次在行猎中射获野物时，要举行称之为牙黑刺迷失的隆重仪式，长辈将猎物的鲜血拭在孩子们的拇指上。旭烈兀用力地扯着祖父的手，让其涂抹，成吉思汗很不喜欢；而忽必烈轻轻地捧起祖父的手，成吉思汗很喜欢。忽必烈恭敬有礼的行动与旭烈兀的粗鲁形成鲜明的对比，赢得了老祖父的赞许和喜爱。

元代圣旨金牌

金牌为圆角长方形片状，一端有圆穿，重 350 克，质地属于金银合金（金含量 58.44%），长 25.7 厘米、宽 8 厘米、厚约 0.1 厘米，圆穿外径 5 厘米、内径 2 厘米，圆穿缘上錾刻“张字九十六号”6 个汉字，牌子正反两面各有两行八思巴文字，意为“皇帝的圣谕是不可侵犯的，谁要违背，将会被处死”。

元代圣旨金牌

为政举措

忽必烈1260年即位后，封爷爷成吉思汗为太祖皇帝。在开始建设大都的1267年，他下令建造太祖庙并且制作祭奠祖先所需的祖宗牌位。命宫廷画师画成吉思汗像，以便供奉。1271年，在刘秉忠的建议下忽必烈从《易经》中选择了“大元”作为国号。

“元”的含义是“大之至也即最大”，忽必烈之所以取这个国号就是为了表明他所统治的国家规模最大，大哉乾元。“乾元——天地万物的起源或者原始力”，新朝代的名号直接出自中国历史传统经典著作之中。忽必烈赞同用传统的中国方式记载元朝历史的建议，这也使他得到儒士的称赞。他还建议朝廷在翰林院下设翰林兼国史院，以搜集、记录并且撰写辽史和金史。

政治

忽必烈恢复的行政机构治愈了一个世纪之久的战争创伤。宋朝灭亡后，元朝保留了宋朝的机构和全部行政官员，而且还尽一切努力得到了当时任职官员们的个人效忠。在位期间，忽必烈注意选用人才，重用汉臣，如董文炳（忽必烈称其为董大）、刘秉忠、张弘范等，任命色目大臣阿合马掌管国家财政。采用汉法，建立各项政治制度。如在地方上建立行省，中央设中书省，开创我国省制之端。他设立“司农司”、“劝农司”等专管农业的机构，以劝农成绩作为考核官吏的主要标准，并下令编辑《农桑辑要》于至元二十三年颁行全国。为加强对边疆地区管理，开辟中外交通，在各地建立驿站，巩固了对全国各地的统治。

经济 纸币

忽必烈发明了“钞”即纸币。于 1260 年发行了世界上最早的纸币（中统元宝交钞）。他把钞票引入流通领域，并使它成为财政的基础。1264 年，他颁布了一条法令，公布了用纸币来计算主要商品的价值。他的第一任“理财”大臣是穆斯林赛夷阿札儿，他把钞票的发行维持在合理的限度内。由于纸币的发行，大大便利了商品交易往来，使元朝的经济得到了空前繁荣，元大都成为了当时世界的文化中心。

民族 宗教

元朝时期，实行宽容的民族宗教政策，萨满教、佛教、道教、伊斯兰教、基督教等多教并存，各民族平等。允许回族人组成实际上自治的社团以回族宗师作为领导，由哈的为他们解释穆斯林法律。回族居民区有他们自己的集市、医院和清真寺，不禁止他们使用自己的民族语言，也不禁止他们遵循伊斯兰教意旨。1264 年忽必烈建立总制院管理吐蕃并监督政府和佛教僧徒的关系，八思巴成为总制院的第一位行政长官。在敌对的佛教派别必里公派领导的反叛中，八思巴在吐蕃的权威受到挑战，但 1267 年忽必烈调兵帮助这位年轻的佛教教长恢复了权力。1258 年忽必烈在佛道辩论中对佛教的支持使他不为道教所喜爱。然而他为道教驰名的法术所吸引，并承认他们对较低阶层群众有吸引力。因此朝廷为建设道观提供资金。并对各教实行豁免赋税政策。忽必烈甚至还寻求获得中国数量不多的基督教徒和外国基督教徒的支持和协助。在忽必烈即位以前，基督教使者已经到达蒙古宫廷，例如约翰·普兰诺·加宾尼和鲁不鲁乞，而且几位工匠例如著名的手工艺人威廉·布涉曾为大汗蒙哥服务过。

元代中外交流

元代开创了古代中西文化交流最繁荣的时代。当时海路到达非洲海岸，陆路往来直抵西欧。菲律宾以南诸岛、以西各沿海国家近百个，到高丽、日本间的航路也是畅通的。随着中东地区与中国的交往日益频繁，国外的使者、商人、旅行家和传教士纷至沓来。

马可·波罗留居中国达 17 年之久。《马可·波罗游记》记述了他在东方最富有的国家——中国的见闻，激起了欧洲人对东方的强烈向往，对以后新航路的开辟产生了巨大的影响。以后便是罗马天主教士接踵而来。意大利传教士约翰·孟

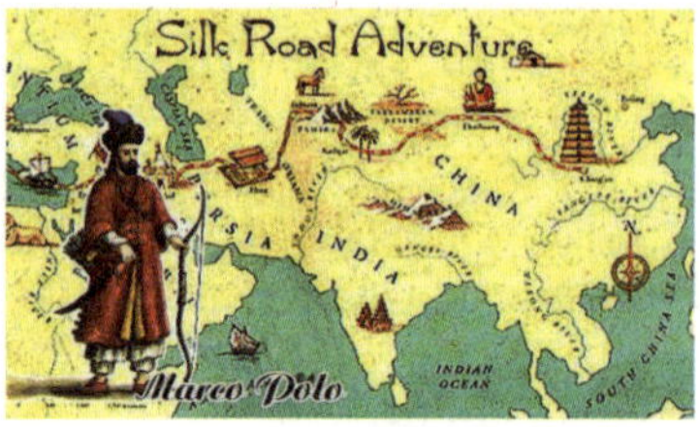

德高维诺于 1294 年抵大都，建教堂三所，并用蒙古文翻译了基督教经典《新约全书》。欧洲人陆续来到中国和中国使者远赴西欧，这是元朝以前不曾有过的。阿拉伯旅行家伊本·白图泰于 1346 年来中国游历，先后访问过泉州、广州、杭州以及元大都。《伊本·白图泰游记》震惊了伊斯兰世界。据统计，当时不丹、尼泊尔、印度、波斯、伊拉克、亚速、康里、叙利亚、亚美尼亚、阿塞拜疆、阿富汗、摩洛哥、波兰、匈牙利、俄罗斯、英国、法国、意大利等国的人通过陆路、海路陆续来到了中国。通过钦察汗国与今克里米亚和欧洲各国建立关系；通过伊儿汗国与阿拉伯国家建立关系。事实上，丝绸之路并非一条“路”，而是贯穿中西、穿越东西方的不断变化且没有标示的道路网络。它作为人类历史上最具鞭策力的超级高速公路，不仅传送了大量货物，更重要的是传播了思想、科技和文化。丝绸之路是一种文化，实质是东西文化交流的大通道，东西文化的交流以丝绸之路为载体展开。

元代水利工程

大运河是隋炀帝时凿通的，但是迂回曲折，水陆并用，非常不便。1281 年忽必烈下令，开始分段开凿新的南北大运河。1292 年，由郭守敬主持开通惠河，自昌平白浮村穿过大都，东达通州，与白河连接，这样，一条沟通南北的新的大运河完成了。

元朝水军

说起元朝，人们总会想起威武的蒙古铁骑，其实由蒙古人治国的元朝还是世界海洋的霸主，拥有震撼世界的一流水师和舰队。军队主要由四部分构成：蒙古军，由蒙古人包括部分色目人组成的部队；探马赤军，初指从蒙古诸部抽取精锐组成的前锋、重役或远戍部队，后来也有色目人、汉人等加入；汉军，即由原金国的汉人和部分女真人、契丹人组成的部队，还包括早期改编的南宋降军；新附军，即灭南宋前后改编的原宋军。此外，侍卫亲军中还有不少按族属组编的色目人部队。

元朝初期，水师战舰就已有17900艘。元世祖造战船5000艘，操练水军7万人。元军对火器进行了改进，形成了最早的“火炮”，并装备在战舰上。公元1279年4月，元朝水师与南宋水师在广东崖山近海遭遇，在元军战舰的大炮轰击下，南宋水师终于土崩瓦解。

元代水陆交通

元代的水陆交通十分发达，当时从大都到全国各地都有驿站相通，一直延伸到极其边远的地方，除了运河的漕河外，开辟了从平江路（今江苏苏州）刘家港，绕过山东成山，直抵杨村码头（今天津市武清区）的海运。元代的草原丝绸之路远达西亚、东欧。海上丝绸之路，从泉州、宁波、上海、澉浦起始，东到高丽、日本；南到印度和南洋各国；西达中亚、波斯、斡罗斯以及阿拉伯各国、地中海东部，直到非洲东海岸。元代的航海技术很高，不仅广泛使用指南针，还掌握了航海气象等科学技术。发达的水陆交通，推动了中外经济文化的交流，促进了东西方经济文化的大融合，使元朝成为中国历史上最为发达开放的朝代。

/ 元朝帝系表 /

- 太祖成吉思汗（1206—1227）
  - 术赤
  - 察合台
  - ⑵太宗窝阔台（1229—1241）
    - ⑶定宗贵由（1246—1248）
  - 皇后乃马真氏脱列哥那（1241—1246）
  - 拖雷（1227—1229）
    - ⑷宪宗蒙哥（1251—1259）
    - ⑸世祖忽必烈（1260—1294）
    - 旭烈兀
    - 阿里不哥（1260—1264）

皇后斡兀立海迷失（1248—1251）

甘麻剌 —— ⑽泰定帝也孙铁木儿（1323—1328）—— 天顺帝阿剌吉八（1328）

答剌麻八剌

- ⑺武宗海山（1329）（1307—1311）
  - ⑾明宗和世㻋 1329 —— ⒁顺帝（惠帝）脱欢帖睦尔（1333—1370）
  - ⑿文宗图帖睦尔（1328—1332）—— ⒀宁宗懿璘质班 1332
- ⑻仁宗爱育黎拔力八达（1311—1320）—— ⑼英宗硕德八剌（1320—1323）

⑹成宗铁穆耳（1294—1370）

来源：《中国大百科全书·中国历史Ⅲ》P1438

中国画　若希创作　（116cm×420cm）内蒙古自治区重点历史文化题材美术创作作品

元上都遗址，位于内蒙古自治区锡林郭勒盟正蓝旗境内。由我国北方骑马民族创建的这座草原都城，被认定是中原农耕文化与草原游牧文化奇妙结合的产物。当时元上都通往各地的驿站四通八达，为漠北与中原的交通枢纽。元朝时期商贾工匠云集，繁荣兴盛，不但有从中原来的商人，也有从中亚和欧洲来的商人，他们运来各种金属器皿、日用品和为统治阶级享用的奢侈品，而后运走上都地区的畜产品，促进了以元上都为中心的蒙古地区经济繁荣。史学家称它可与意大利古城庞贝媲美，一派繁荣昌盛景象。2012 年 6 月 29 日，第 36 届世界遗产委员会会议讨论并通过将中国元上都遗址列入《世界物质文化遗产名录》。

发现问题

我想了解：

1. 蒙古族的起源和形成？
2. 铁木真的成长经历？
3. 蒙古人为什么西征？
4. 元朝的建立及疆域？
5. 蒙古人对世界的影响？
6. ____________________

探索学习

组建探索小组 ______________________________

确定探索内容 ______________________________

制定探索方案 ______________________________

分享汇总信息 ______________________________

展示探索成果 ______________________________

专家互动

提出问题 ______________ 专家解答 ______________

交流互动 ______________ 感知收获 ______________

建议与改进 ______________

____

自我评价

自我评价 ________________________________

同学互评 ________________________________

教师评价 ________________________________

收获感受

我的收获与感受 ____________________________

拓展研究

下一步想研究的内容 ________________________

____

综合实践课《历史与文化》课程评价表　（自我成长表）

姓名:　　　　　　　　年级:　　　　　　　　执教教师:

日 期	组 别	课堂纪律	学习态度	课堂表现	组内配合	收获与感受	同学评价	教师评价

备注:课堂纪律、学习态度、课堂表现、组内配合,均为自我评价部分。请根据自己真实的表现作出评价(优、良、中、差),并写出收获与感受:本节课学习过程中最大的收获是什么?请真实书写。

同学评价:请同学对你作出客观真实的评价与建议

教师评价:从课堂的整体表现给出评价(更多应体现鼓励、欣赏以调动学生之兴趣与参与活动的积极性)。

蒙古族历史文化

探索800年前的蒙古民族（6课时）

一 文化知识的准备（2课时）

1. 自由分组，组建合作小组。
2. 讨论如何学习了解关于蒙古族历史文化。
3. 组内分工，按各自分工去收集查找本小组自己感兴趣的内容，如（1）关于蒙古民族的起源、发展。（2）成吉思汗的成长历程，如何统一了分裂的草原各个部落建立了蒙古帝国，又为什么西征，西征后对世界产生怎样的影响。（3）忽必烈建立元朝，他又怎样治理元朝，对中国历史留下怎样的功绩。
4. 组内分享各自学习了解的知识，并将其组合串联成一个完整的知识结构，并指派一个同学将组内收集查找的学习资料及组内讨论的结果整理装订，以便下节课时使用。
5. 小组派代表与全班同学分享自己小组所学习了解的关于蒙古族历史发展方面的知识，并鼓励学生根据小组发言可提出自己的问题或质疑，发言方给予解答。
6. 教师给予补充和指导。
7. 小组将感兴趣或困惑的问题列出，在下节课向专家提出。

二 专家现场互动（2课时）

历史是一个需要有深厚文化底蕴的一个学科，仅仅几节课不可能了解那么多，尤其是学生会有很多的困惑和问题，为此可以请专家过来和学生互动，帮助学生能更好地学习了解历史文化。

三 收获与感受（2课时）

总结分享本单元的收获与感受。在研究探索过程中及专家讲座中有哪些收获。并书写成文字，由科代表收集、装订成册。

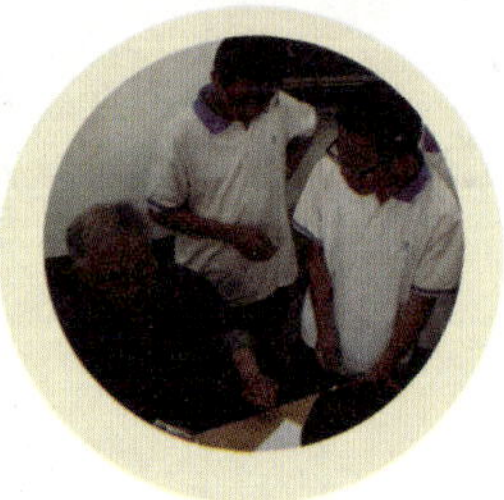

四 教师总结

根据各小组在实践中的表现给出本单元的评价。

文明好学
蒙古族文化探寻

蒙古族文化探寻

/行走世界——蒙古国探访、祭拜成吉思汗出生地德伦宝力格（一）/

“德伦宝力格”位于蒙古国肯特省达达勒苏木。从字面上理解的意思是“埋下脾的地方”，据说成吉思汗出生的1162年是马年，父亲也速该巴特尔为纪念儿子的出生，杀了一匹马，将其脾脏埋在了此山的山顶，这座山因此而得名为“德伦宝力格”。

2013年8月18日我们一家三口决定在乌兰巴托请一位向导，租一辆越野车，开启我们的祭拜、探访之旅。计划用两天时间到达“德伦宝力格”。

从乌兰巴托到德伦宝力格有800公里左右的路程，这对于交通发达地区并不算遥远，但对于行走在草原上的人来讲，这个距离却足以让你花上几天的时间。草原上没有柏油路，有些地方隐约会有一些车辙，有些地方甚至连车辙都没有，导致车速变得非常缓慢而且容易迷失方向。草原上没有参照物，放眼望去都是一望无际的草，方向感不强的人是无法前行的，更别提夜间行驶了。但是，无论遇到怎样的困难都不能打消我们前往祭拜、探访“德伦宝力格”的信念。

准备好充足的食物与水，我们出发了。

从乌兰巴托刚出来时是柏油路，可没走十公里就变成坑洼不平的砂石路。看得出这条路已是年久失修了。所有的车像拧麻花一样行驶在这条路上，一路尘土飞扬。

我们艰难行驶了一个多小时，在距蒙古国首都乌兰巴托 50 多公里的中央省长金博尔多格看到了让所有蒙古人引以为傲的标志性建筑——“成吉思汗”雕像。这个雕像建于 2008 年，通高 40 米，由 36 根圆柱支撑，代表蒙古人的 36 个部落汗王，基座是一个博物馆，馆中有一个 9 米高、由 225 张牛皮制成的皮靴，据说这是蒙古国甚至全世界最大的皮靴。靴子旁边还有一个三四米长的巨大马鞭。成吉思汗雕像寓意为战马精神抖擞，成吉思汗手持金鞭，一往无前。整个塑像由 250 吨钢铁铸造，当年造价高达 2700 万元人民币。这对于一个并不算富裕的国家来说，确实是一笔不小的开支。我们怀着虔诚的心参观了这座硕大无比的雕像，想象着 800 年前威震四海的伟人如今依然守护着他的草原，护佑着他的子孙后代。

已近中午，为了节约时间，我们在路边找到一家卖“火烧”的小店，品尝了他们的特色食物。几个火烧、一罐酸马奶就是一顿丰盛的午餐。

饭后，继续赶路前往我们的母亲河“克鲁伦河”。虽说路不是很好走，给人们带来了很多不便，但是当你看到辽阔无比的草原、悠闲吃着草的牛羊、四处奔跑的马儿，还有远处那从洁白的蒙古包中袅袅升起的一缕缕青烟，你便不会再去计较路有多么的难走，车有多么的颠簸，速度有多么的缓慢了，反而倒是想这样停下来，静静地躺在草原上感受自然恩赐给我们的这份寂静与美好。

疆域概念

蒙古帝国其稳定时期版图面积超过3000万平方公里，东至朝鲜半岛，西至波兰、匈牙利，北到西伯利亚俄罗斯诸公国，南达爪哇中南半岛。版图最大时期面积超过4500万平方公里，是现在中国版图的四倍还多，占当时整个人类世界的五分之四还多。

蒙古帝国疆域

据《蒙古秘史》记载，1206 年，孛儿只斤·铁木真征服了蒙古高原各部，统一了漠北。在斡难河上游的大忽里勒台被推举为大可汗，尊号成吉思汗，建立了大蒙古国。大蒙古国建立后开始对外扩张，成吉思汗及其子孙对外征战，开拓了东起日本海、西抵地中海、北跨西伯利亚、南至波斯湾的辽阔疆域，国土横跨亚欧大陆，极盛国土面积达四千多万平方公里（含西伯利亚北部）。成吉思汗在位时开始征服西夏、西辽、金、花剌子模沙朝等国，其继承人又经过两次大规模的西征，至 1259 年蒙哥去世前，蒙古已征服了包括塞北、东北、华北、西域、吐蕃、中亚、西亚、北亚南部以及东欧大部在内的辽阔区域，横跨亚欧大陆的蒙古帝国是世界版图最大的帝国。

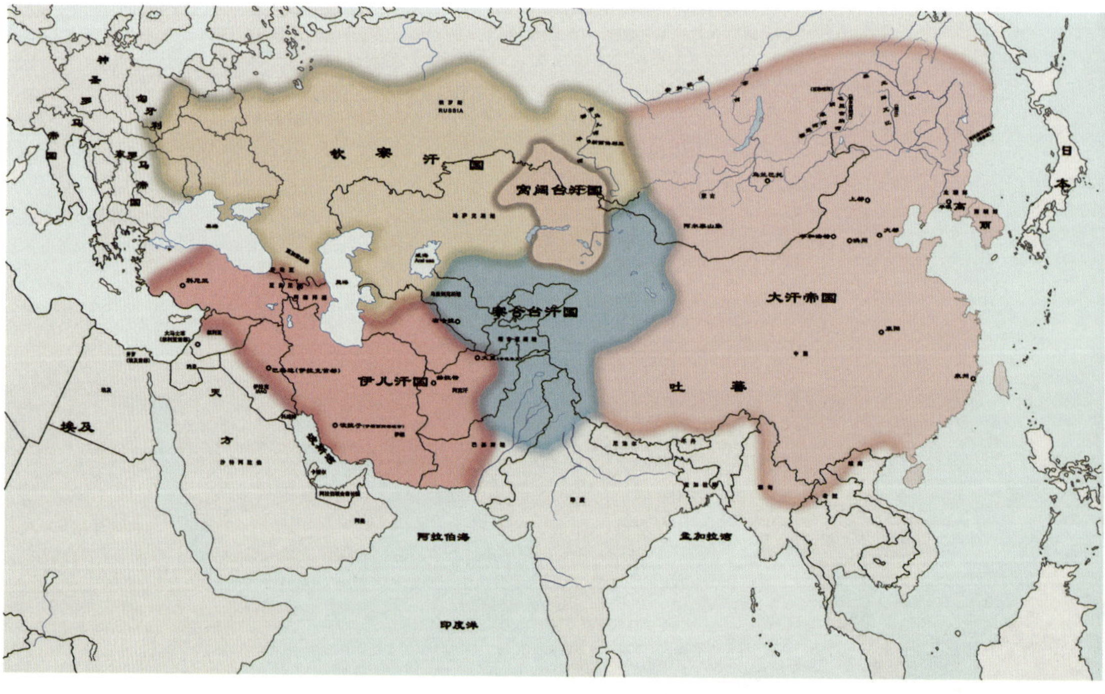

四大汗国

蒙古西征后，在被征服地区建立了被称为“四大汗国”的钦察汗国（金帐汗国）、察合台汗国、窝阔台汗国和伊儿汗国。四大汗国的统治者在血统上均出自成吉思汗“黄金家族”，彼此血脉相连，因而同奉入主中原的元朝为宗主，与元朝驿路相通。

四大汗国对研究蒙古和元代历史具有特殊的重要地位。所有的历史学家和学者都绕不过对由四大汗国所组成的超级帝国的研究。他们名义上是一个统一的整体，但实际上又各自具有较强的独立性。四大汗国是蒙古统治者逐次在西征胜利中扩张领土的结果。四大汗国的创建，是蒙古族历史上，也是世界历史上的重大事件。

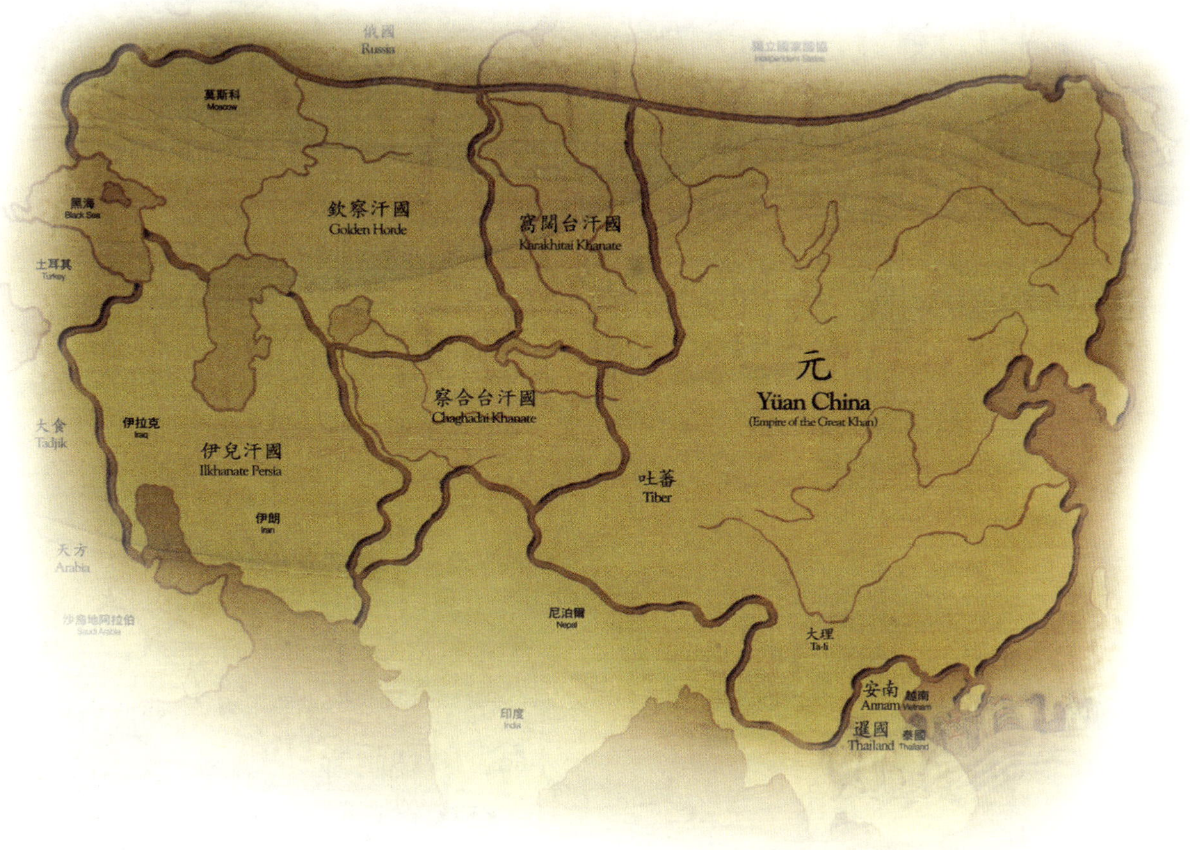

察合台汗国

察合台汗国名义上为元朝西北宗藩国，由成吉思汗次子察合台依其领地扩建而成。察合台汗国最盛时其疆域东至吐鲁番、罗布泊，西及阿母河，北到塔尔巴哈台山，南越兴都库什山，包括阿尔泰至河中地区（河中地区特指阿姆河与锡尔河之间的大片地区）。斡耳朵（宫帐）设在阿力麻里境内的忽牙思。巴鲁剌思、札剌亦儿和克烈亦惕三部，是该汗国中蒙古族的主体，其统治者是察合台后裔。

伊儿汗国

伊儿汗国是成吉思汗的孙子旭烈兀西征后建立的，是东滨阿姆河，西临地中海，北界里海、黑海、高加索，南至波斯湾的大国。既为欧、亚文化荟萃之地，又是重要交通枢纽。民族成分复杂，主要语言为波斯语和阿拉伯语。大多数信奉伊斯兰教，部分崇奉基督教。建都于帖必力思（也译作桃里寺，今伊朗大不里士）。境内农业发达，商业和手工业也很繁荣。与元朝关系一直都很密切。

窝阔台大汗统治时期，察合台（窝阔台兄）在蒙古帝国的政治生活中有着崇高地位，在重大问题上起着一定的决策作用。他不仅统治了成吉思汗给予的兀鲁思和军队，同时在别失八里（今新疆吉木萨尔境内）自己的王国中也享有至高的权力。据拉施特《史集》记载，合罕（大汗）经常派去使者就一切重大事件和察合台商议。

察合台汗国于 14 世纪中叶分裂为东察合台汗国与西察合台汗国。

若希绘制

今伊朗、伊拉克、南高加索的阿塞拜疆、格鲁吉亚、亚美尼亚和中亚的土库曼斯坦都由伊儿汗直接统治；阿富汗西部的赫拉特王国是伊儿汗的属国；小亚细亚的罗姆苏丹国名义上是属国，实际上由伊儿汗派官治理。旭烈兀死后，其子阿八哈继袭汗位（1265—1282），政权进一步巩固，1270 年曾率军击退了察合台汗八剌对呼罗珊的进攻。

若希绘制

钦察汗国

术赤兀鲁思，称作“金帐汗国”，又称钦察汗国，蒙古文史书称作“术赤因·兀鲁思”。

1225 年，成吉思汗给四个儿子划分领地。长子术赤的封地在额尔齐斯河以西、花剌子模以北（包括额尔齐斯河流域和阿尔泰山地区），术赤的斡耳朵（行宫）设在额尔齐斯河流域。

窝阔台汗国

成吉思汗第三子窝阔台的封地，领有额尔齐斯河上游和巴尔喀什湖以东地区。建都叶密立（今新疆额敏县）。1229 年窝阔台继帝位后，将封地赐给其子贵由。

贵由汗死后蒙哥即位，大汗位便由窝阔台系转入拖雷系后王手中。窝阔台系后王中，除阔端与蒙哥友好，仍以河西之地为其封地外，其他宗王多被迁谪，窝阔台的封国被分划成几处小的封地。

1236 年，术赤次子拔都统帅“长子军”西征，到 1240 年先后征服了钦察草原、克里木、高加索、保加尔、伏尔加河和奥卡河地区以及第聂伯河流域的罗斯各公国。被征服的这一广大地区成为拔都的兀鲁思，从 1242 年以后称为“钦察汗国”。汗国的疆界大致包括：东自额尔齐斯河西部，西至第聂伯河，南起巴尔喀什湖、里海、黑海，包括北高加索及花剌子模北部和锡尔河下游地区，向北临近北极圈。拔都把伏尔加河地区作为政治中心，在入口处建立了首都萨莱城（今阿斯特拉罕附近）。

1259 年，蒙哥大汗去世，阿里布哥在漠北被大部分蒙古贵族选举为大汗，1260 年，忽必烈则在漠南开平称帝，并发动了讨伐阿里布哥的战争，蒙古帝国的中央政权不复存在，金帐汗国成为完全独立的国家。

若希绘制

蒙哥驾崩后，阿里布哥与忽必烈争夺大汗位，海都依附于阿里布哥，与忽必烈为敌。阿里布哥失败后，海都拒绝归附忽必烈。

1268 年，海都开始举兵东犯元境。他与察合台汗国的八剌相结纳，取得伊犁河谷与可失哈耳（今新疆喀什）地区，并纠集窝阔台、察合台、术赤三系诸王，1269 年在答剌速河（今塔拉斯河）畔召开忽里勒台。八剌死后，察合台汗国实际上成为海都所操持的附庸，它的统治者都哇追随海都，多次进扰元朝的西北边境。海都统治下的窝阔台汗国所控制的地域，西至可失哈耳与答剌速河谷，南及天山南坡诸城，东抵哈剌火州（今新疆吐鲁番），北有也儿的石河（今额尔齐斯河）上游之地，成为中亚的一大势力。

若希绘制

/ 蒙古帝国对被征服地区的统治 /

对俄罗斯的统治

成吉思汗生前将其征服的咸海、里海以北的广袤的钦察草原赐给长子术赤作为封地。1235 年术赤长子拔都西征，辖地扩大，东至叶尼塞河，西至多瑙河下游，南迄高加索山脉，北接俄罗斯平原地区。西征的结果，结束了俄罗斯多年的分裂第一次实现了统一，1243 年拔都建立钦察汗国，欧洲人也称为“金帐汗国”。钦察汗国统治俄罗斯长达二百多年，对其政治、经济、文化的发展都产生了极为深刻的影响。在蒙古帝国征服之前，俄罗斯地区并不是一个巩固的中央集权的封建国家，各地区封建割据，不断混战，而蒙古征服其之后，俄罗斯土地上则第一次出现了中央集权的封建国家。钦察汗国通过保留俄罗斯各公侯国，但必须向钦察汗国称臣、接受册封和诏令、缴纳贡赋、承担军役的政策，实现对俄罗斯地区的有效统治。除此之外，蒙古统治者注重商业发展和城市建设，鼓励各公国进行商业贸易，对恢复亚洲经济东南欧到西欧的贸易发展起了巨大作用。

库利科沃战役

对印度的统治

1525 年，帖木儿帝国建立 155 年之后，中亚蒙古贵族帖木儿六世孙巴布尔趁印度分裂、德里苏丹国日趋衰亡之际，南下攻入印度，几经征战，建立了印度史上著名的莫卧儿帝国。莫卧儿是蒙古的转音，莫卧儿帝国就是蒙古帝国，是帖木儿蒙古帝国的续集，是突厥化的伊斯兰教蒙古人在南亚次大陆上新建的国家，同时它又是伊斯兰教文化与印度教文化的交汇点。莫卧儿帝国统治长达 331 年。

沙贾汗与姬曼·芭奴

17 世纪中期，莫卧儿帝国处在黄金时代。皇帝沙贾汗时期（1627—1658），印度建成了德里的红堡等许多著名建筑。在这众多的名胜古迹中，最著名的是沙贾汗为其死去的宠妃建造的礼物——阿格拉市的泰姬陵。这座动用 2 万名工匠，倾全国财力，历时 22 年修建完成的陵墓，不仅是印度灿烂辉煌的古典建筑艺术的代表、世界 7 大建筑奇迹之一，它有人间建筑奇迹之美称，其建筑宏伟壮观，精美绝伦，全部用洁白的大理石建成，以其华丽、庄严、优美而享誉世界。泰姬陵已成为当今印度旅游业的标志性建筑，每年为印度带来非常可观的旅游收入。

泰姬陵

发现问题

我国哪些，蒙古族自治县？

元朝版图有多大呢？

我想知道蒙古族主要分布在哪些省市

蒙古族过去过着什么样的生活呢？

我们想了解：

1. 元朝时期的版图有多大？包括哪些地域？
2. 蒙古族生活的主要区域有哪些？
3. 全世界蒙古族的主要分布？
4. 不同时期的疆域面积？
5. ________________
6. ________________

探索 学习

组建探索小组 ________________

确定探索内容 ________________

制定探索方案 ________________

分享汇总信息 ________________

展示探索成果 ________________

探索 实践

实践内容 ________________ 实践方法 ________________

实践过程 ________________ 实践结果 ________________

建议与改进 ________________

____

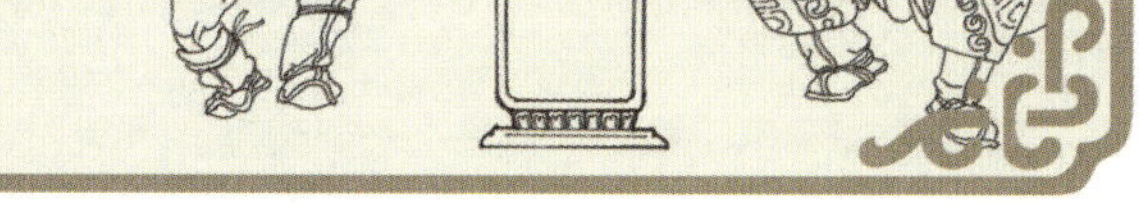

自我评价

自我评价 ______________________________

同学互评 ______________________________

教师评价 ______________________________

收获感受

我的收获与感受 ______________________________

拓展研究

下一步想研究的内容 ______________________________

____

综合实践课《历史与文化》课程评价表　（自我成长表）

姓名:　　　　　　　　　　年级:　　　　　　　　　　执教教师:

日 期	组 别	课堂纪律	学习态度	课堂表现	组内配合	收获与感受	同学评价	教师评价

备注:课堂纪律、学习态度、课堂表现、组内配合,均为自我评价部分。请根据自己真实的表现作出评价(优、良、中、差),并写出收获与感受:本节课学习过程中最大的收获是什么?请真实书写。

同学评价:请同学对你作出客观真实的评价与建议

教师评价:从课堂的整体表现给出评价(更多应体现鼓励、欣赏以调动学生之兴趣与参与活动的积极性)。

蒙古族疆域概念

探索800年前的蒙古民族版图（6课时）

一 文化知识的准备（2课时）

1. 自由分组，组建合作小组。
2. 讨论如何学习了解关于元朝曾经的疆域版图。
3. 组内分工，按各自分工去收集查找关于蒙古民族是如何从一个部落发展到一个庞大的帝国；版图的面积；四大汗国的建立和疆域面积以及后来版图的变化；为什么说当时的版图对后来中国的版图的形成奠定了一个基础。
4. 组内分享各自学习了解的知识，并将其组合串联成一个完整的知识体系，并指派一个同学将组内收集查找的学习资料整理装订，以便下节课时使用。
5. 小组派代表与全班同学分享本组所学习了解的关于蒙古族疆域版图方面的知识，并鼓励学生根据小组发言可提出问题或质疑，发言方给予解答。
6. 教师给予补充和指导。
7. 小组将感兴趣或困惑的问题列出，在下节课向专家提出。

二 专家现场互动（2课时）

蒙古族疆域概念是一个需要深入学习才能全面了解的内容，仅仅几节课不可能了解那么多，尤其是学生会有很多的困惑和问题，为此可以请专家过来和学生互动，帮助学生能更好地学习了解历史文化。

三 收获与感受（2课时）

总结分享本单元的收获与感受。在研究探索过程中及专家讲座中有哪些收获。并书写成文字，由科代表收集、装订成册。

四 教师总结

根据各小组在实践中的表现给出本单元的评价。

360图片
蒙古族版图
蒙古帝国最大时版图|蒙古...
金帐汗国
察合台汗国
元
伊利汗国
莫卧儿帝国

明 好 学
认 真

/行走世界——蒙古国探访、祭拜成吉思汗出生地德伦宝力格（二）/

大约在下午时分我们见到了孕育蒙古民族的母亲河——克鲁伦河。“古老神奇的克鲁伦河，从这里缓缓流过，深情地滋润着茫茫草原，带着多少美好的传说，千折百回一路歌，祝福草原多绿色……”

多年前听到这首《克鲁伦河》的那一刻起，就深深地爱上了孕育我们的这条母亲河，如今终于见到了魂牵梦绕的母亲河。千百年来，她一直那么安静地流淌着，无怨无悔地守护着这片广袤的草原，就如她的名字“克鲁伦”在蒙古语中译为光润之意一般，她始终坚守着，用其博大的胸怀，滋润、养育着这片广袤的草原。我们在她身边静静坐着，感受那份静谧与伟大。岸边有几个孩子在那里无忧无虑地嬉戏，犹如在母亲身边淘气的孩子那般美好。

告别克鲁伦河，我们继续前往肯特省的省会城市温都尔汗，今晚我们将留宿在那里。

肯特省位于蒙古国东部省和中部省之间，该省地处肯特山区东部，地形由西向东倾斜，有多条发源于肯特山的河流流经，全长1090公里的克鲁伦河有三分之二在肯特省境内。省会城市温都尔汗就坐落在克鲁伦河的岸边，距乌兰巴托有三百多公里。1206年，成吉思汗率部在温都尔汗（旧称“大斡耳朵”）附近的斡难河畔建立蒙古政权。

如今的温都尔汗，城市很小，人口只有2.7万，在街道上见不到几座楼房。但是我们看到的最漂亮一栋、也是唯一一栋四层的建筑，听导游介绍得知是这里的学校和幼儿园。这使我们很震惊，可以看出这个国家对教育的重视程度。

晚上我们留宿在温都尔汗。酒店不大，一共两层，大约十几个房间，都设有自己的小餐厅。这对我们长途跋涉的游客来讲非常的方便，不用再到处找吃饭的地方。也许很多人不理解，一个省会城市还需要到处去找饭店吗？的确，蒙古国的省会和国内不同，人口稀少，全蒙古国只有三百多万人口，而且有一多半的人口都居住在首都乌兰巴托附近。在草原上，以放牧为主，导致城市人口非常稀少。我们是下午六点多到达的，街道上见不到几个人，更不要说经商的商贩了。所以酒店设有餐厅是一件非常方便的事情。因为明天还要继续赶路，在小餐厅里简单吃些食物就上楼休息，这里距离德伦宝力格还有将近一半的路程。

БАРААНЫ ДЭЛГҮҮР

蒙古族语言文字

蒙古人发迹于斡难河，本来是没有文字的。1204年，成吉思汗征讨乃蛮部之时，乃蛮部掌印官回鹘人塔塔统阿被俘虏，但依然守着本部族的印信。成吉思汗慧眼识金，他看到了塔塔统阿既精通本民族的回鹘文字，又懂得蒙古语言，就命令这位大才子创制蒙古文字，并教授太子、诸王书写蒙古文。蒙古人至此时便采用畏兀字母以书写蒙古文，学界称为回鹘式蒙古文，从而在历史上留下了丰富的文化遗产。

蒙古文字

传统蒙古文是在回鹘文字基础上形成的，实际上是以回鹘文字母为基础的蒙古拼音文字。所以也叫回鹘体蒙古文。这种文字上下连书，行款从左至右，比较适合蒙古语言的记录习惯。

传统蒙古文字后来发生过很大的变化。16至17世纪这种文字经过改革，形成近代蒙古文，即今天通行的传统蒙文（胡都木蒙文）。传统蒙古文字使用蒙古文字母书写，属拼音文字类型，脱胎自粟特—回鹘字母系统，蒙古文有29个字母，在回鹘文字母基础上创制，蒙古文字母表示元音的5个，表示辅音的24个，拼写时以词为单位上下连书，行款从左向右。17世纪该传统蒙文对满文的形成产生极大影响。传统蒙文文献丰富。现存最早的回鹘体蒙古文，见于也松格碑（成吉思汗石碑）上。约刻于成吉思汗二十年（1225年）。

1937年蒙古人民共和国开始推广用西里尔字母书写的蒙古文，于是形成了今天用两种字母书写的蒙古文形式。

回鹘体

也松格碑

/ 塔塔统阿 /

13 世纪之初，蒙古族刚刚兴起，当时还没有蒙古族的文字。由于蒙古首领并未感到使用文字的迫切性，发布命令、传达信息仅仅依靠口头语言和刻木结绳。后来在内部管理、战争及与周边交往中，逐渐感到文字对于处理国家事务的重要性。

塔塔统阿被成吉思汗任命为身边的大臣之后，成吉思汗慧眼识金，他看到了塔塔统阿既精通本民族的回鹘文字，又懂得蒙古语言，就想让这位大才子创造出蒙古文字。有一次，成吉思汗问塔塔统阿是否精通回鹘文，塔塔统阿没有自谦，据实以告。成吉思汗即命令他用回鹘文书写蒙古语。这话说来容易，实在不是一件简单的事，但塔塔统阿还是接受了这一艰巨的任务。他凭借自己深厚的回鹘文功底和丰富的蒙古语言知识，靠着自己的智慧和钻研精神，终于创制出以回鹘文字母为基础的蒙古拼音文字。这种文字上下连书，行款从左至右，比较适合蒙古语言的记录习惯。蒙古族的文字终于诞生了，成吉思汗对塔塔统阿更加信任。他又命令自己的儿子、孙子和诸王在内的贵族子弟们跟随塔塔统阿学习新创造的蒙古文字。可以说，塔塔统阿为蒙古民族培养了第一批知识分子。这样，蒙古文字很快就在蒙古民族中通行开来。

左一 塔塔统阿

蒙古文铅印术的创始人

清朝时期，有一位名叫特睦格图的蒙古族青年经过多年努力，发明了蒙古文铅印技术，为蒙古民族的出版事业做出了杰出贡献。

特睦格图汉名王睿昌，字印侯，于公元1887年生在喀喇沁右旗（今赤峰市喀喇沁旗）大西沟村一个普通农民家里。特睦格图自幼聪敏好学，才智过人，在喀喇沁右旗贡桑诺尔布王爷所办崇正学堂学习，毕业后，先后被贡桑诺尔布王爷派到北京东省铁路俄文学校和日本东京振武学堂学习军事。

经过多年的努力后，特睦格图已经成为一名精通蒙、汉、满、藏4种语言、文字，亦通晓日、俄两种文字的知名学者。回国后，特睦格图一心致力于蒙古民族的语言、文学、历史研究，从事蒙古族、汉族、满族、藏族文字典籍的翻译和整理。在从事学术研究和著书立说的过程中，他深感出版蒙古文书籍之难。1915年，特睦格图对中外铅印工艺、字形做了细致研究之后，首先将蒙古文、满文上中下三体400多个字母、字头，书写成工整的正楷字，用牛角刻出85个字形。但是应用于印刷时，未获成功。第二次，他改用日本黄杨木作为材料，但是中国京津地区不能承制木刻活字版。1919年，特睦格图在贡桑诺尔布王爷的支持下，多次到天津向一日本人学习雕刻技术，并且结合实际情况，初步制成了蒙古文铅字铜模，铸出了铅字。1922年冬，蒙古文铅字印刷术终于在我国首获成功。次年，民国政府农商部专门对特睦格图的发明予以表彰，决定不征捐税，授予30年专利证书。

特睦格图纪念馆

/ 历史上蒙古语曾采用以下若干种文字 /

八思巴文银质银牌

八思巴文

元朝忽必烈时期 1268 年创造，由当时的元朝帝师，吐蕃人佛教萨迦派领袖八思巴所创立的八思巴文，这种文字源于藏文字母，忽必烈之所以要新创一种文字，目的在于创造与统一的元朝“相匹配”的文字，并成为本朝的官方文字。现已发现曾用八思巴字母书写的语言有蒙古语、汉语、藏语、回鹘语、梵语、波斯语等。但最终没有成功。因为这些语言彼此差别非常大，同一种文字很难确切地表达出每一种语言的含义。

西里尔字母蒙古文（新蒙文）

西里尔字母蒙古文，指蒙古国受苏联影响采用的以西里尔字母作为蒙古语标记的文字。1946 年起，蒙古人民共和国的蒙古族全部转用了新蒙古文，用来记录蒙古国通用的蒙古语。2015 年蒙古国议会通过法律规定将在政府文件中恢复使用传统蒙古文。

图片来自天格思《游牧时尚》

蒙古族的三大历史巨著

13 世纪初，蒙古族创造了自己的语言文字。一些文学、历史作品逐渐问世，流传到现在最为著名的有《蒙古秘史》《蒙古黄金史》《蒙古源流》，被称为蒙古族三大历史巨著。

《蒙古秘史》，也称《元朝秘史》，成书大约在 13 世纪，作者不详。最初的古体蒙文原著早已失传。现存版本有 15 卷本和 12 卷本两种，全书共 282 节。内容大致分为三部分：成吉思汗以前远祖的族系；成吉思汗本人从幼年到成年时期的坎坷生涯，统一蒙古以及一生的活动历史；窝阔台汗的活动历史。这是一部少数民族的史诗之作，是研究早期蒙古族的历史、社会、风俗的宝贵资料。1989 年，联合国教科文组织将《蒙古秘史》列为世界文化遗产，把英译本收入世界名著丛书。

《蒙古源流》，蒙古编年史。成书于清康熙元年（1662 年），作者是鄂尔多斯部的萨囊彻辰洪台吉，此书写成后，辗转抄录，流传甚广。本书的汉译本定名为《钦定蒙古源流》，或简称《蒙古源流》。是研究蒙古族文学、历史、明清蒙古族历史的重要资料。

《蒙古黄金史》，也称《蒙古黄金史纲》、《阿勒坦·托卜赤》。成书大约在 17 世纪初，是研究明代蒙古史的主要史料之一。

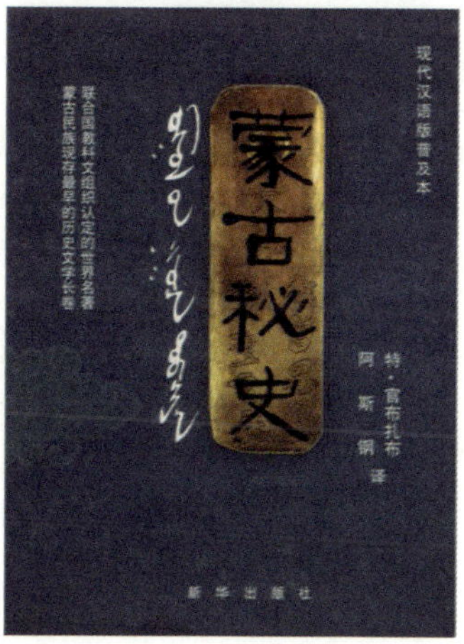

发现问题

蒙古文字的由来

蒙古语属于哪个语系？

蒙古语的发展演变过程

你所使用的语言属于哪一语种的方言区？

我们一起去了解吧！

我想知道：

1. 你会说蒙古语吗？
2. 你知道蒙古语属于什么语系？
3. 你知道多少人在使用？
4. 你知道它有哪些方言吗？
5. ________________
6. ________________

探索 学习

组建探索小组 ____

确定探索内容 ____

制定探索方案 ____

分享汇总信息 ____

展示探索成果 ____

探索 实践

实践内容 ____________________ 实践方法 ____________________

实践过程 ____________________ 实践结果 ____________________

建议与改进 ____________________

____

自我评价

自我评价 ________________________________

同学互评 ________________________________

教师评价 ________________________________

收获感受

我的收获与感受 ____________________________

拓展研究

下一步想研究的内容 __________________________

____

综合实践课《历史与文化》课程评价表 （自我成长表）

姓名: 年级: 执教教师:

日 期	组 别	课堂纪律	学习态度	课堂表现	组内配合	收获与感受	同学评价	教师评价

备注:课堂纪律、学习态度、课堂表现、组内配合,均为自我评价部分。请根据自己真实的表现作出评价(优、良、中、差),并写出收获与感受;本节课学习过程中最大的收获是什么?请真实书写。

同学评价:请同学对你作出客观真实的评价与建议

教师评价:从课堂的整体表现给出评价(更多应体现鼓励、欣赏以调动学生之兴趣与参与活动的积极性)。

蒙古族语言文字

探索蒙古族语言文字的形成及发展（6课时）

一 文化知识的准备（2课时）

1. 自由分组，组建合作小组。
2. 讨论如何学习了解关于蒙古族语言文字内容。蒙古族最早是没有文字的，那什么时候开始创造了自己文字？后来又有了哪些变化，原因是什么呢？
3. 组内分工，按各自分工去去收集查找关于蒙古族语言文字方面的内容。
4. 组内分享各自学习了解的知识，并将其组合串联成一个完整的知识结构，并指派一个同学将组内收集查找的学习资料整理装订，以便下节课展示及课后总结需要。
5. 小组派代表与全班同学分享本组所学习了解的关于蒙古族语言文字方面的知识，并鼓励学生根据小组发言可提出自己的问题或质疑，发言方给予解答。
6. 教师给予补充和指导。

二 学习简单的蒙语（1课时）

阿布（爸爸） 额吉（妈妈） 阿哈（哥哥） 额格其（姐姐） 赛因白努（你好吗）
巴格希（老师） 腾格里（天） 嘎扎尔（地） 高乐（河流） 塔拉（草原） 巴特尔（英雄）

三 视频展出：蒙古族语言文字的发展历程（1课时）

1. 观看《成吉思汗》电视剧创造文字片段。
2. 分享：蒙古国如何受苏联影响将蒙古文字改成用俄文字母书写的文字。
3. 思考：文字对一个国家的重要性。

四 收获与感受（2课时）

1. 小组派代表总结分享这节课的收获与感受，在合作的过程遇到哪些问题如何解决，有哪些收获，有哪些需要改进的，并请其他小组成员给予评价。
2. 教师总结：教师根据各小组在音乐文化中的表现、展示、收获，进行总结。

五 教师总结

根据各小组在实践中的表现给出本单元的评价。

文
明
好
学
蒙古族文化探寻
—语言文字

明
好
学

文
明
好
学
蒙古族文化探寻
—语言文字

/行走世界——蒙古国探访、祭拜成吉思汗出生地德伦宝力格（三）/

第二天一早，我们告别温都尔汗继续前往下一站“德伦宝力格”。风景依然是广阔无垠的草原、时隐时现的道路、蓝得耀眼的天空、湖泊中自由嬉戏的天鹅、悠闲自在的牛羊及策马奔驰的牧人。就这样行驶了一百多公里，路突然被一条湍急的河流挡住。向导说这是三江源头——“斡难河”。斡难河，是我们蒙古民族的发祥地。它发源于蒙古小肯特山东麓，孕育了蒙古族儿女。它见证了蒙古民族从这里走出去，见证了草原血雨腥风的部落之争；见证了一个伟大生命在此降生；见证了蒙古草原的统一与帝国的崛起、繁荣与衰败。直到今天，依然默默地见证着时代的变迁。它时而舒缓，时而湍急，是否在向世人述说着什么？

我们尝试着将车开到对岸，但是在看到水流有些湍急后决定改变路线，前往有渡口的地方坐轮渡渡河。汽车向西行驶了几十公里后，找到了横渡斡难河的渡口。几经周折后，人和汽车一起开到了渡船上，终于到达了斡难河对岸。看时间已经是下午 4 点多，要想天黑前到达我们的目的地有一定的困难，但为了节约时间，我们还是决定尝试一下，继续赶路。

夕阳西下，天色渐暗，天空中的大雁似乎也在急着赶往家中，路也更加难走了，除了坑洼还有泥泞。我们正在担心着这样的路况如何行夜路，车轮就陷在沼泽地里，越是加油陷得越深，无奈下去推车，但是车似乎和我们较着劲，最后即使给油车轮都不动了。那一刻沮丧的心情可想而知，通过商议决定让向导和孩子在附近寻找蒙古包，也许能得到牧民帮助。

天已经完全黑了，出去求援的两个人却没有消息，我们焦急万分，做着各种猜想。这个时候突然发现在不远的山坡上有一闪一闪的亮点，第一反应是：不会遇到了狼群吧？听导游讲草原上经常有狼出现，仔细观察后发现亮点在移动，亮点越来越大，越来越大，最后整个照亮了我们的路、我们的希望。

这支救援队的成员共六个人。主人恩和巴特尔带着妻子及来他家做客的亲戚一家四口，一起来帮助我们。没有太多的客套和寒暄，他们观察陷车的情况后决定用带来的木板垫在泥泞中的车轮下。泥像一朵朵花瓣一样被车轮抛向空中，又都落在恩和巴特尔的身上，但是没有看到他的一点嫌弃，他认真地观察着、指挥着，一会儿让加大马力，一会儿又让大家齐上阵给车助力，经过两小时的努力，终于把陷在沼泽地里的车拖拉出来。恩和巴特尔告诉我们在雨季赶夜路是非常危险的事，劝我们今晚到他家留宿，明天再赶路。在他们的劝说下。我们也看到没有更好的方法，只能怀着感激的心再次打扰他们了。

蒙古包里的陈设比较简单。一进门正中间有一个炉子，炉子上还放着刚熬制好的奶皮子，（因为已经是八月底，正是制作奶皮子的最好时节。）正对着门的哈那上挂着成吉思汗像。右手边是放置碗筷的柜子，左手边是两张单人床和简单的生活用具。主人告诉我们这是他们的夏季牧场，再过半个月他们将转场到秋季牧场。一年四季转场搬迁的生活给蒙古族的生活带来诸多的不便，譬如不断的拆装对物品的消耗和损坏。又由于远离城市不能及时补充物资，导致现代蒙古人有一部分已经放弃这种辛苦劳累的游牧生活，搬迁到城市中生活。但仍然有一些像恩和巴特尔一样的蒙古人，始终坚守着传统的生活方式，坚守着这片广袤的草原。他们把家里仅有的两张床让给我们住，而自己和家里来的客人却住在潮湿的地上，百般的推让无果，我们带着满满的感动入眠。

第二天凌晨五点多女主人便起床开始挤牛奶，据说挤牛奶的时间也是非常的关键，这个时间的牛奶质量非常高。不知道的人都以为生活在草原上的牧人生活非常悠闲自在，每天喝着奶茶吃着手把肉，外出放牧唱着长调，却没有见过他们辛勤劳作的情景。男主人一年四季在外放牧。草原上四季分明，春天的风有时会达到七八级，要是伴有扬沙更是让人难以忍受；到了夏天虽说比春天要好一些，但酷暑难耐的时候牧人依然需要放牧；到了秋天，风伴着枯萎的秋草，天气一天冷过一天，牧人依然天天在外面与牛羊为伴；到了寒冷的冬天，白毛风卷着雪花，就更可想他们的艰辛了。不知道有怎样耐力与毅力的人才可以忍受年年岁岁这样艰苦的环境呢！这就是蒙古男人坚忍不拔，百折不挠的可贵之处。女主人更是忙碌辛苦，她们每天凌晨起床开始挤牛奶，挤完牛奶需要制作各种奶食品，为入冬准备足够的食物；还要制作风干肉，进行及时的通风、翻晒；更要照顾孩子、老人，制作餐食等等。根据不同的季节，到不同的牧场放牧，每年要搬四次家。从这些你就可以了解生活在草原上的蒙古人是多么的艰辛和不易，但是为了保护草原，千百年来他们依然坚守着这种生活方式。

简单地吃过早饭，我们告别善良的一家人，按照他们所指的方向踏上了赶往德伦宝力格的路。

蒙古族饮食

蒙古族是一个历史悠久的游牧民族，在长期的劳动发展过程中，逐渐形成了游牧民族特有的饮食文化。蒙古族早期曾从事狩猎，以猎获物为食品，到了十二世纪，饲养的家畜逐渐增多，食物便以家畜的肉和奶为主。

蒙古人传统的食物分为肉制品（红食）和奶制品（白食）两种。独特的饮食文化，造就了蒙古人强悍的体格。

/红食/

最常见的是手把肉 风干肉 烤全羊

手扒肉的制作方法

将肥嫩的绵羊用传统的方式宰杀，剥皮去内脏，去头去蹄，洗净，卸成若干块，放入白水中清煮，待水滚肉熟即取出，置于大盘中上桌，大家手拿蒙古刀大块大块地割着吃。因不用筷子，用手抓食而得此名。

风干牛肉

早在成吉思汗建立蒙古帝国时期，烈马、弯刀、牛肉干是蒙古骑兵制胜的三大法宝。一头牛宰杀后，百十公斤重的牛肉晾干后捻成沫后，只有十几斤肉沫，装袋后背在身上，只要有水便可冲饮。这在后勤上大大减少了军队行进的辎重，因此风干牛肉被誉为“成吉思汗的远征军粮”。

在美丽的内蒙古草原还流传着这样一个历史传说，美丽的科尔沁草原是“一代皇后”大玉儿（孝庄文皇后）出嫁的地方。貌美如花的大玉儿与多尔衮一见钟情，自此一场旷世爱情在科尔沁草原上演……正是因为当年大玉儿出嫁时带走的牛肉干，延续了蒙古族新娘远嫁，族人以牛肉干赐福的习俗。内蒙古牛肉干产于天然的科尔沁草原。水草丰美，牛羊肥壮，生活在那里的蒙古族牧民有世代晾晒牛肉干的生活习惯。

烤全羊

烤全羊盛行于元代，全羊肉质纤维脆而不糊，油而不腻，是蒙古族宴席上的一道传统名菜。清代各地蒙古王公府第几乎都用烤全羊招待贵宾，是高规格的礼遇。

清代康乾年间，北京“罗王府”（即阿拉善王府）的烤全羊名气就很大，其蒙古族厨师嘎如迪名满京城。草原的羊吃的是鲜嫩的青草，喝的是清凉的泉水，它的绒毛受过草原甘露的洗礼，它的身躯受过阳光的沐浴。它那高昂的头颅，就像孙布尔山头，它那宽阔的脊背，就像广袤的宇宙，它那长长的肋骨，就像檀香树一样健壮。

在蒙古族宴会上吃烤全羊之前司仪必念的赞词：

身躯像墙壁一样，尾巴像锅盖一样；有二十四根肋骨、八根背骨，还有腰节骨十二根！头颅像宝石一样，犄角坚硬挺拔！这就是圣主赐予的整羊！呼瑞……

客人中最德高望重的一位（作为“王爷”即为宾客代表），接受主人的祝福，年轻女孩为其献哈达，银碗敬酒，“王爷”接过刀，在羊的身上划个“十”字，从羊身上割下一块肉，再接受姑娘的银碗敬酒，用无名指蘸酒弹酹，举杯祝词，然后一饮而尽。

（宴会最后，由蒙古族歌手给大家敬酒，献歌。在蒙古族的礼仪中，这是极为重要的一个环节，歌手会向客人鞠躬，接受祝福的客人要起身站起，将主人的敬酒一饮而尽，在祝酒过程中，伴有歌手的歌唱祝词，看着客人喝完酒，并同时接受客人的回敬，歌手再鞠躬，整个献酒仪式才算完美。）

/奶食/

在蒙语中称“查干意德”，意为白色的食品，蒙古人以白为尊，视乳为高贵吉祥之物。

蒙古民族的食品之首便是奶食。奶食也被本民族视为珍品，每逢拜年、祝寿、招待宾客、喜庆宴会等首先以品尝奶食、敬献奶酒为最美好的祝愿，这是一种神圣的礼节。客人即使七八十岁，年纪大过主人几倍，也要跪接盛满乳汁的银碗，不是给主人跪，是给乳汁跪。另外，如迎送亲朋也要以尝奶、敬献奶食以示祝愿。每逢祭奠衮山神、敖包、苏鲁德的时候，也要用新挤的鲜奶向上天和圣主祭酒。可见奶食品对蒙古民族的生活当中是多么的重要。奶食品中含有大量的氨基酸、蛋白质、油脂、微量元素，有着人体不可缺少的营养成分，具有增强免疫力、强壮、保健的作用。

神奇的鲜奶

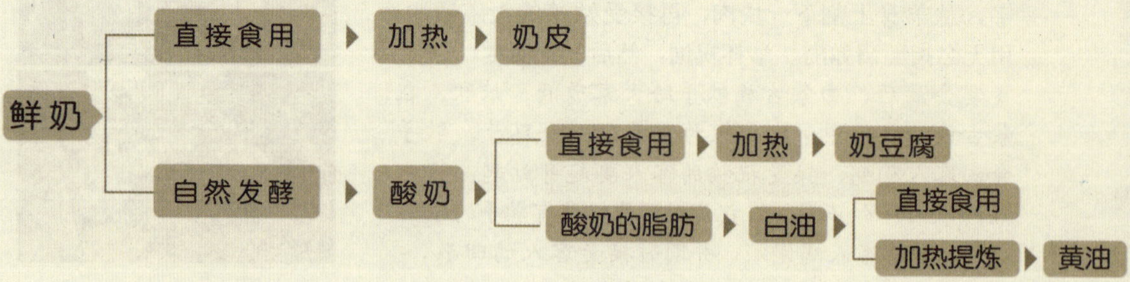

奶皮

奶皮有两种：一种是将鲜奶、牛奶或马奶、驼奶、羊奶放入器皿里存放一两天，奶子发酸后，在表面上形成一层薄皮，称图黑乌日沫，也叫“珠黑”，即生奶皮，是做黄油的原料；另一种是将鲜奶熬开放入器皿里，放凉后表面结成薄奶皮，称宝勒森乌日沫，即熟的奶皮，是酥油的原料。奶皮味道香甜可口，是拌炒米吃的上等食品。

黄油

黄油又叫乳脂、白脱油，是将牛奶中的稀奶油和脱脂乳分离后，使稀奶油成熟并经搅拌而成的。黄油与奶油的最大区别在于成分，黄油的脂肪含量更高。

优质黄油色泽浅黄，质地均匀、细腻，切面无水分渗出，气味芬芳。黄油营养是奶制品之首，牛奶炼成的黄油营养丰富，含维生素、矿物质、脂肪酸、醣化神经磷脂、胆固醇，黄油做菜也很香，可以用来炸鱼、煎牛排、烤面包、涂抹面包吃，不仅营养丰富，而且香醇味美，绵甜可口。

酸奶

蒙古语称“塔日嘎”，即酸牛奶、酸羊奶，“酸奶”是它的简称，是蒙古族等北方民族民间传统饮料。一般是生酵酸奶，是靠鲜奶自然发酵。是把鲜奶盛于容器中，温度在摄氏 18 度以上，即发酵成豆腐脑状的酸奶。奶上浮凝一层“乌日沫”，这是奶中的脂肪，多取熬制黄油。“乌日沫”下，就是白嫩嫩、软颤颤的酸奶了。它微酸带甜，清凉可口，可单独食用，也可泡饭。夏天吃了这种酸奶，感到有一种凉气从心底向外散发，营养还丰富。

奶豆腐

蒙古语称“胡乳达”，是蒙古族牧民家中常见的奶食品。用牛奶、羊奶、马奶等经凝固、发酵而成的食物。形状类似普通豆腐，但不是豆腐。因像豆腐而得名。味道有的微酸，有的微甜，乳香浓郁，牧民很爱吃，常泡在奶茶中食用，或出远门当干粮，既解渴又充饥。

/ 诈马宴 /

诈马宴始于元代。这一古朴的分食整牛整羊的民俗，由圣主诺颜秉政发展为奢华的宫廷宴。如今，宫廷诈马宴已绝迹，烤全牛也已失传。1991 年 8 月，伊克昭盟在筹备那达慕大会成吉思汗陵分会时，有关人员查阅了《蒙古食谱》、《蒙古风俗录》等大量资料，并进行了试验，恢复了烤全牛诈马宴，按照古籍记载的元代蒙古族宫廷诈马宴的礼仪，在成吉思汗行宫举行，作为那达慕大会的观赏项目，令游人大饱眼福。

元代诈马宴

周伯琦《近光集》记载："国家之制，乘舆北幸上京，岁以六月吉日，命宿卫大臣及近侍，服所赐只孙珠翠金宝衣冠腰带，盛饰名马，清晨自城外各持采杖，列队驰入禁中，于是上盛服御殿临观，乃大张宴为乐。惟宗王、戚里、宿卫大臣前列行酒，馀各以所职叙坐合饮，诸坊奏大乐，陈百戏，如是诸凡三日而罢。其佩服日一易；太宜用羊二千，马三匹，他费称是，名之曰只孙宴。只孙，华言一色衣也，俗呼为'诈马宴'。" 这种大宴展出蒙古王公重武备、重衣饰、重宴飨的习俗，较之宋皇寿筵气派更大，欢宴三日，不醉不休。赴宴者穿的只孙服每年都由工匠专制，皇帝颁赐，一日一换，颜色一致。菜品主要是羊，用酒很多。在这种大宴上，皇帝还常给大臣赏赐，得到者莫大光荣。有时在筵宴上也商议军国大事。此活动带有浓厚的政治色彩。因此，它是古典筵席的一个特例。

制作

烤全牛诈马宴，首先要备好烤炉。在地上挖一个一米多宽、二米长、一点五米深的长方形坑，挖出五个烟筒槽，用砖从内壁砌好，下面用砖倒立一层，以便通风和储灰，前方砌好炉膛，压上炉条，留好加煤口。备好烤炉，便以蒙古族传统方式宰牛。选一头膘肥体壮的四岁牛，用刀从脑门上扎进去，牛即刻倒地而死。接着，切开胸膛，去掉内脏，清洗干净，把盐和五香调料放置腹腔内，将开膛处缝好。把牛拴在一个专用铁架的两根铁管子上，再抬起铁管将牛放进烤炉，铁管架在烤炉的砖壁上，牛背朝下，四肢冲上，悬吊在烤炉中，四周不能与炉壁接触。然后将炉顶用一块铁板盖住，除烟筒外，用泥将缝隙封严，将炉膛用煤点燃，进行烤制。熊熊火苗离牛背约一尺左右，视火势情况加煤。经过六个小时的闷烤，整牛即被烤熟。

诈马宴食谱

点心：蒙古馓子 黄油酥 乌日莫 查干胡日达 醍醐 奶条 炒米 白油 黄油
手鲜：四鲜果（水蜜桃、冰糖李子、葡萄、小苹果）故乡情四素碟 故乡情冷食拼盘
烤全牛 五畜汤
柳蒸羊 苁蓉滋补汤 红扒驼掌 炙凤腿 草原烩菜 杞子芥蓝炒木耳
蒜茸榨菜蒸桂鱼 可汗一品饭 羊肉汆面片 肥牛烧卖 水果沙拉

礼仪

元朝实行两都制，每年春季，皇帝带领大批属僚从大都（今北京）到上都（今锡林郭勒盟正镶蓝旗境内）来理政、避暑，进行祭祀等活动，期间大摆宴席，招待宗王大臣侍人等，这种宴会称作“诈马宴”，也称“质孙宴”，意思是“一色衣”。欢宴三日，不醉不休，赴宴者穿着只孙服，一日一换，颜色一致。

宴会三日，用羊二千，牛三头，设宫廷乐舞、竞技表演，有时在筵宴上也商议军国大事，展示了蒙古王公重武备、重衣饰、重宴飨的习俗。

元代诗人杨允孚对此宴做了表颂：

千官万骑到山椒，
个个金鞍雉尾高。
下马一齐催入宴，
玉阑干外换官袍。

古代分享诈马宴的尊九礼仪为：

洒第一块诈马肉祭天：朝蒙古包上方洒去，表示敬天；
洒第二块诈马肉祭地：放入包内炉火中；
洒第三块诈马肉供神：放在神前；
洒第五块诈马肉吃供：请主客品尝；
洒第六块诈马肉供山神、树神：存放于神前，等候主任挂在供奉的神树枝上；
洒第八块诈马肉祭水神：主任扔进河泊中；
洒第九块诈马肉奉可汗：即成吉思汗，放在神龛前。

/ 蒙古炒米 /

蒙古炒米是用糜子经过蒸、炒、碾等多道工序加工而成的，再兑上酸奶和白糖等搅拌，解饿又解渴，清香爽口，是别具风味的传统食品。

/ 蒙古奶茶 /

蒙古族每天都有饮奶茶的习惯，每天早上第一件事就是煮奶茶，煮奶茶最好用新打的净水，烧开后，冲入放有砖茶的净壶或锅，慢火煮2～3分钟，再将鲜奶和盐兑入，烧开即可。蒙古族的奶茶有时还要加黄油，或奶皮子，或炒米等，其味芳香、咸爽可口，含有多种营养成分。有人甚至认为，宁可三日无食，也不可一日无茶。

/ 马奶酒 /

马奶酒是用鲜马奶经过发酵变酸酿制而成的一种酒精含量只有1.5到3度的饮料，是流行整个草原地区的传统饮料，最早始于秦汉时期，历史悠久，味道酸辣，有舒筋、活血、健胃等功效，被誉为“蒙古八珍”之一，曾作为元朝时宫廷和贵族的主要饮料，相传忽必烈曾以金碗盛着马奶酒来犒劳将士们。

自古以来，牧民视马奶酒为极珍贵的饮料。每当客人到来，总要用它进行招待。

每年七八月份牛肥马壮，是酿制马奶酒的季节。勤劳的蒙古族妇女将马奶收贮于皮囊中，加以搅拌，数日后便乳脂分离，发酵成酒。

/ 奶酒 /

蒙语称“阿日里”。

相传早在元朝初期，漠北处于大动乱、大变革时期，当时的蒙古各部落七零八落，部落之间较量实力，各选君主。刚满17岁的铁木真继承了父亲的遗志，骑上战马，挥旗重建家园。铁木真的妻子在家里，一面思念远征的丈夫，一面制作奶食品。有一天，她在烧酸奶时，锅盖上水珠流到了旁边碗里，她嗅到特殊的奶香味。一尝味美、香甜，还有一种飘飘欲仙的感觉，她渐渐地在生产生活中掌握了制酒的工艺，并简单地制作了酒具，亲手酿造。在铁木真做大汗的庆典仪式上，她把自己酿造的酒献给丈夫成吉思汗和将士们，大汗和众将士喝了以后，连声叫好。从此，成吉思汗把它封为御膳酒，起名叫赛林艾日哈。每当蒙古族向客人敬献哈达和奶酒时，是对贵客的最高礼仪。

近年来，随着社会的变迁，蒙古族的饮食器具和饮食结构已经发生了变化。在城市，人们的饮食也增添了很多种类。

例如：涮羊肉、羊杂、蒙古血肠、肉肠、蒙古包子、蒙古馅饼、蒙古面条等。这些都是具有浓郁民族特点的食品。同时也体现了蒙古族的热忱和豪放。

发现问题

你食用过蒙古族饮食吗?

还有好喝的奶茶

有手把肉和奶食品

我们有很多特色食物，你知道都有哪些吗?

那我们一起去研究吧

我想了解：

1. 蒙古族有哪些特色饮食呢？
2. 为什么一日三餐离不开奶茶？
3. 奶酒与马奶酒是一样的吗？
4. 蒙古族祭祀都摆放哪些食物？
5. ______________________________
6. ______________________________

探索 学习

组建探索小组 ________________________________

确定探索内容 ________________________________

制定探索方案 ________________________________

分享汇总信息 ________________________________

展示探索成果 ________________________________

探索 实践

实践内容 ________________ 实践方法 ________________

实践过程 ________________ 实践结果 ________________

建议与改进 ________________

____

自我评价

自我评价 ______________________________

同学互评 ______________________________

教师评价 ______________________________

收获感受

我的收获与感受 ______________________________

拓展研究

下一步想研究的内容 ______________________________

____

综合实践课《历史与文化》课程评价表　（自我成长表）

姓名:　　　　　　　　年级:　　　　　　　　执教教师:

日期	组别	课堂纪律	学习态度	课堂表现	组内配合	收获与感受	同学评价	教师评价

备注:课堂纪律、学习态度、课堂表现、组内配合,均为自我评价部分。请根据自己真实的表现作出评价(优、良、中、差),并写出收获与感受:本节课学习过程中最大的收获是什么?请真实书写。

同学评价:请同学对你作出客观真实的评价与建议

教师评价:从课堂的整体表现给出评价(更多应体现鼓励、欣赏以调动学生之兴趣与参与活动的积极性)。

蒙古族饮食文化

奶茶的制作（6 课时）

一　文化知识的准备（2 课时）

1. 自由分组，组建合作小组。
2. 讨论如何学习了解关于蒙古族奶茶的制作及相关文化。
3. 组内分工，按各自分工去收集查找关于蒙古族奶茶的制作方法。
4. 组内分享各自学习了解的关于制作奶茶方面的知识，并将其组合串联成一个完整的知识结构，并指派一个同学将组内收集查找的学习资料整理装订，以便下节课实践制作时使用。
5. 小组派代表与全班同学分享自己小组所学习了解的关于蒙古族奶茶制作方面的知识，并鼓励学生根据小组发言可提出自己的问题或质疑，发言方给予解答。
6. 教师给予补充和指导。
7. 制定下节课实践制作奶茶的方案。
8. 分配任务，每个同学按各自的任务准备制作奶茶时所需的物品及材料。

二　实践体验熬制奶茶（2 课时）

1. 准备工作：

（1）使用工具：电磁炉、奶茶锅、勺子、茶碗。

（2）材料准备：茶叶、牛奶、盐、黄油、炒米、肉干、奶皮子等。

2. 实践要求：

（1）小组按自己学习了解的方法进行熬制奶茶。

（2）教师观察各个小组的制作方法与过程，组内的分工合作情况，并及时进行记录，以便为小组打分提供依据。

3. 实践制作：

（1）开启电磁炉，锅内放入清水。

（2）水烧开后加入适量的茶叶。

（3）将茶叶熬制出棕色茶汤后将其捞出。

（4）倒入牛奶并不断进行搅拌，牛奶的量根据自己口味，一般使其变成棕黄色时口感适中，加入少许盐，奶茶就制作完成了，可以根据自己的喜好放一些其他食物如奶皮子、黄油、炒米等。

4. 品尝奶茶，并与其他小组分享劳动成果

三 收获与感受（2 课时）

总结分享本单元的收获与感受，在研究探索及专家讲座过程中有哪些收获，书写成文字，由科代表收集、装订成册。

四 教师总结

根据各小组在实践中的表现给出本单元的评价。

/ 行走世界 —— 蒙古国探访、祭拜成吉思汗出生地德伦宝力格（四）/

迎着晨曦在草原的路上沿着东北方向行驶了一段时间，远远看到前方有很多色彩鲜艳的帐篷，我们感到很好奇。一路上很少看到在外搭建帐篷的行者，因为在草原腹地晚上还是有一定的危险，时常会有一些野兽出没，尤其是狼，所以不到迫不得已很少有人露宿草原。走近后才发现是一群孩子，是在体验生活。从装备和长相看应该是日本人，由于我们要赶时间，并不想在路上耽搁，所以没有停车。在草原上你必须有充足的时间才可以，因为你不知道前方是不是有路，路况到底如何。受天气影响，今天的路况和明天的路况都不会一模一样，如果雨水多，本来好好的路就会变成昨天把车陷进去的沼泽地带，一切都无法预料，这也是草原的一大特点。

中午时分，眼前的草原被一片森林所取代，平坦无垠的草甸变成了高低起伏的山丘。根据了解的信息我们确定这里就是达达勒苏木的德伦宝力格。大家的情绪开始激动，似乎已经离我们内心虔诚膜拜的那个神灵很近，你甚至能感受到这里的树木、山川、河流所充盈着的灵性。树木苍劲挺拔、山川延绵起伏、河流蜿蜒流淌、奔腾不息。我们仰望天空，寻找那盘旋飞翔的大雕，可是并没有它的踪影，甚至看不到弯弓搭箭的猎人，但成吉思汗的影子却无处不在。

我们是特意来膜拜先祖“成吉思汗”的，这也是每一个蒙古人的心愿。虽然他已经不在了，但是他永远占据着我们每一个蒙古人心中最重要的位置，他的精神引领着每一个蒙古人。环顾四周，似乎依然感受得到他的存在，我们小心翼翼地走在这片神奇的土地上，真的怕惊动了沉睡中的神灵。我们静静地坐在那里感受那份伟大的力量。我们默默无语，但那份骄傲与自豪却油然而生。因为我们是“成吉思汗”的子孙。

就如洪烛先生所写：“世界曾经因为他而颤栗，这个伟大的流浪者，一只脚站在亚洲，一只脚跨向欧洲。他仅仅跨了一小步，就在地图上留下巨大的足迹。”可以说，他的步伐，他的身影，改变了人类的进程，以及我们的生活。

草原既是他的出生地，又是他的安葬地，他甚至没有在草原上留下一块明确的墓碑，却让一个喧嚣的时代为自己殉葬。这是最朴素同时也是最华丽的葬礼。

的确，成吉思汗是我们每一个蒙古人心中的神，每一个人都把这个名字供奉在内心的殿堂，怀揣着这种精神和信仰四处流浪。

蒙古族音乐

蒙古族音乐同蒙古社会发展的客观进程是一致的。属于中国北方游牧民族草原音乐文化范畴。它的独特形态和风格，是由蒙古族人民长期的草原游牧生活方式和各地区的特点所决定的。由于部落变迁、经济形态以及同兄弟民族文化交流方面的差异，蒙古族各地区的音乐虽大致相同但同时呈现出不同的风格特点。

长调　　蒙古族的祖先长时间游牧在我国辽阔版图的北部，那里地广人稀，水草丰茂，蒙古族的先人，与游荡的白云和广阔的蓝天为伴，伴随着激荡的游牧岁月，在性格上养成了粗犷、豪爽、深沉的个性。这些也许造就了蒙古族民歌悠长，他们常用短小的字句融入音乐，字少腔多，高亢悠扬，听起来仿佛可以想象先民们是如何呼唤远方的牛羊。虽是短小的字句，却有着悠长的拖音，如悠长的狼嚎，但却充满着音乐的质感。歌曲舒缓，乐句气息悠长，气势连贯，盘旋直上，旋律此起彼伏音域也相当宽广。

悠长的曲调，伴随着起伏的旋律被歌唱出来，就像蒙古族的性格一样，具有辽阔、豪迈的草原民歌特色。锡林郭勒的长调民歌，歌声嘹亮、悠长，《小黄马》《走马》是当地的流行的长调，呼伦贝尔流行着热情奔放的《辽阔草原》《盗马姑娘》等，展现了悠长的曲调。当然，与悠长曲调相对，在蒙古族歌曲中也存在一些短调，随着生产生活方式的逐步改变，一部分人开始过定居生活，音乐表现形式也随之发生变化，多分部在半农半牧地区。如《成吉思颂歌》《辽阔清秀的故乡》《西辽河颂》等。

「哈扎布」

「莫德格」

「拉苏荣」

「德德玛」

礼俗歌 是在特定场合演唱的、带有生活风俗性和实用性的民歌，如宴歌、婚礼歌、安魂曲等。宴歌主要用于节日集会、招待宾客的饮宴场合，或用以咏唱格言警句以及提倡团结、珍惜友谊、敬老爱幼。包括迎宾曲、敬酒歌、欢乐歌舞、母女惜别对唱和送宾曲。

爱情歌曲 在短调民歌中占有极大的比重，如《森吉德玛》、《达古拉》。

叙事歌曲 近代在蒙古族聚居的农业区产生和发展起来，所反映的题材有3类：

1. 歌颂人民起义斗争和英雄人物的，如《嘎达梅林》、《英雄陶克图之歌》等。
2. 表现爱情悲剧故事的，如《诺丽格尔玛》、《达那巴拉》等。
3. 反对宗教束缚，向往世俗生活的，如《东克尔大嘛》、《宝音贺希格大嘛》等。

古代英雄史诗 内容多为表现古代部落勇士同邪恶势力的代表——恶魔（蟒古思）斗争并取得胜利的故事，如举世闻名的《江格尔》、《格萨尔》等。

好来宝 主要流传于内蒙古东部地区，有单口好来宝和对口好来宝两种。

呼麦 历史可以远溯至匈奴时期。蒙古高原的先民在狩猎和游牧中虔诚模仿大自然的声音，他们认为，这是与自然、宇宙有效沟通、和谐相处的重要途径，由此人体发声器官的某些潜质得到开发，一人模仿瀑布、高山、森林、动物的声音时可以发出“和声”，即呼麦的雏形。呼麦是蒙古族人创造的一种神奇的歌唱艺术：一个歌手纯粹用自己的发声器官，在同一时间里唱出两个声部。呼麦声部关系的基本结构为一个持续低音和它上面流动的旋律相结合。又可以分为“泛音呼麦”、“震音呼麦”、“复合呼麦”等。在中国各民族民歌中，它是独一无二的。

潮尔 潮尔是蒙古族多声部音乐概念的总称，泛指两个或两个以上的复音音乐形式。潮尔音乐中有：弹拨潮尔（突布秀尔）；弓弦潮尔（在科尔沁直接称其为潮尔）；喉音潮尔（又称为呼麦）；潮尔哆（由多人用喉音伴奏，一人演唱的长调歌曲）等形式。潮尔哆是蒙古民歌的一种，由两部分组成，即几个人演唱低音，一个人唱高音长调歌曲。

「金花」

「巴德玛」

「扎格达苏荣」

蒙古族传统乐器

蒙古族民间乐器主要有马头琴、四胡、三弦、笛、雅托格（类似汉族筝），以及古老的弹拨乐器胡拨斯（即火不思）等。此外，在宗教音乐中，还使用唢呐、大铜角等。蒙古族的民间器乐以齐奏为主，各种乐器常在演奏中进行自由装饰和变奏。具有代表性的曲目，有科尔沁的《八音》、察哈尔的《阿斯尔》、鄂尔多斯的《沁王衙门》、《清泉水》等。

「四胡」

「胡笳」

「火不思」

「马头琴」

这个琴西部地区蒙古人都叫伊克勒，实际上在内蒙古地区说的齐齐里胡儿是一个东西，只不过是地区方言的原因，发音上有点区别，还有叶克勒主要是用来伴奏舞蹈（贝勒格舞）而齐齐里主要用来伴奏民歌，在演奏法上也有所区别。

蒙古族是能歌善舞的民族。蒙古族舞蹈的特点是节奏明快，热情奔放，风格独特。动作多以抖肩、翻腕来表现蒙古族姑娘欢快优美，热情开朗的性格。

男子的舞姿造型挺拔豪迈，步伐轻捷洒脱，表现出蒙古族男性剽悍英武，刚劲有力之美。保留节目有“筷子舞”“马刀舞”“驯马舞”“盅碗舞”“挤奶员舞”“鹰舞”“牧民的喜悦”“祝福”“鼓舞”等。

/ 马头琴的故事 /

（日）赤羽末吉　绘

很久以前，察哈尔草原有个名叫苏和的小男孩儿。一天，他抱回了一匹没有妈妈的小白马驹。小白马在苏和的喂养下长成一匹漂亮的骏马，它跑起来蹄下生风，能追得上梅花鹿呢。小白马和苏和形影不离，成了好朋友。

有一年春天，王爷要举行赛马大会，还答应要赏给得第一名的骑手一群羊。苏和骑着他的白骏马参加了赛马大会，小白马跑在最前头，得了第一名。王爷很喜欢这匹漂亮的白马，又见骑手是个小牧童，就蛮横地说：“给你三个元宝，把小白马给我留下！”苏和气愤地说：“我不是来卖马的！”王爷命令手下的人把苏和打昏在地，抢走了小白马。可是王爷刚骑上白马就被摔了下来，小白马挣脱了缰绳飞奔而去。王爷命令武士们用毒箭射杀小白马，中了毒箭的小白马跑到苏和的蒙古包前就死去了。苏和难过地大哭起来。

苏和思念小白马，晚上，他梦见小白马对他说：“你用我的筋骨做一把琴，我就能永远和你在一起了。”

苏和按照小白马的话，做了一把漂亮的琴。他用白马的骨头雕成马头做琴杆，筋做琴弦，尾巴做琴弓，这就是第一把马头琴。苏和每当想起小白马就会拉响马头琴。从此，美妙的马头琴声传遍了大草原。

/ 马头琴的演变历程 /

马头琴是千百年来蒙古民族最喜爱的乐器，由于顶部设计马头，故与马有了不可分割的联系。马是蒙古人最亲密的伙伴，马头琴悠扬的琴声又完全融入于蒙古人的内心深处，喜怒哀乐全部由它宣泄，为此马头琴是蒙古人心目中最尊贵的乐器，成为与佛供奉的乐器。

在世界范围内，马头琴有几种叫法：内蒙古西部、蒙古国大部分地区叫“马头琴”，内蒙古东部地区叫“潮儿”，新疆的达尔扈特地区、蒙古国西部地区、俄联邦图瓦共和国、卡梅尔共和国地区叫“伊克黑力”，以上几种乐器均源自古代奚琴（奚那根胡尔，蒙古语意为勺子，胡儿蒙古语意为琴，即勺子琴），奚琴是将整个的木头修成勺子形，用刀将底部抠出可以盛东西的大小的勺子一样，勺子外面并盖以羊皮或者牛皮，四周用钉子后者胶固定，勺子柄上拉上两根马尾制成的弦，故称之为奚那根胡儿。宋、金时期书中均有记载，而且这种古老的琴至今仍有保留并使用，如今新疆蒙古族图瓦部、卫拉特部及土尔扈特部均可寻到。

经过多年的演变，多代艺术家在奚琴的基础上改进，比如琴箱形状上由过去的勺子的形状改变为梯形，这样便于演奏者方便夹在两腿子间易于固定。琴箱上盖的皮子由过去的羊皮或牛皮改为蟒皮。从音质上也有了很大的改进。再到后来又进行改进是因为传统马头琴存在很多缺陷，诸如音量小、容易跑音、无法齐奏，也无法和其他乐器配合等。

「伊克勒」

「潮尔」

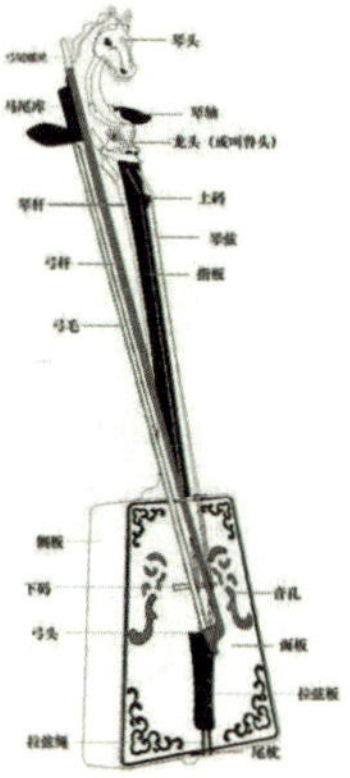

「马头琴」

传统马头琴——木箱、外盖牛羊皮、马尾弦、木条弓
定音鼓马头琴——木箱、外盖定音鼓皮面、尼龙弦、木条弓（20 世纪 60 年代改进）
蟒皮面马头琴——木箱、外盖蟒皮、尼龙弦、木条弓（20 世纪 70 年代改进）
全木琴箱马头琴——木箱、木面、尼龙弦、苏木弓（20 世纪 80 年代改进）

齐·宝力高，1944 年出生于内蒙古科尔沁草原，蒙古族，是成吉思汗大儿子术赤的后代，原莫力庙第五世活佛，国家一级演奏家、世界马头琴大师。2015 年 1 月获得“2014 中华文化人物”荣誉称号。

齐·宝力高从事马头琴艺术创作的 50 余年来，在蒙古民族传统马头琴艺术的传承与发展中作出了杰出的贡献。他吸取了西方小提琴的演奏技巧，成功改制了传统马头琴的琴体以及其声源。

（1）统一了其弓法和指法。为把马头琴艺术推向世界的舞台创造了更科学、更先进的条件，并仍不断努力创新。

（2）为马头琴艺术的传承多次在国内外举办过马头琴培训班，弟子达到了 50000 余人。在马头琴艺术历史上首次创建了马头琴乐队——野马乐队，结束了马头琴只有独奏和伴奏的局限性。多年以来一手培养了若干马头琴艺术人才，弟子们今已遍布世界各地，他们为蒙古民族瑰宝——马头琴的艺术发展、为中华民族的音乐走向世界而做出了杰出的贡献。

（3）作为世界马头琴大师，他在国内外举办了数百场音乐会。是迄今为止唯一一位走进世界音乐之都——维也纳金色大厅举办专场马头琴音乐会的中国演奏家。

发现问题

我想了解：

1. 蒙古族音乐有哪些特点？
2. 蒙古族的传统乐器有哪些？
3. 马头琴的故事及马头琴的演奏特点？
4. 神奇的呼麦如何一个人可以发几个声音的？
5. ______________________________
6. ______________________________

探索学习

组建探索小组 ______________________________

确定探索内容 ______________________________

制定探索方案 ______________________________

分享汇总信息 ______________________________

展示探索成果 ______________________________

探索实践

实践内容 ______________ 实践方法 ______________

实践过程 ______________ 实践结果 ______________

建议与改进 ______________

____

自我评价

自我评价 ______________________________

同学互评 ______________________________

教师评价 ______________________________

收获感受

我的收获与感受 ______________________________

拓展研究

下一步想研究的内容 ______________________________

____

综合实践课《历史与文化》课程评价表 （自我成长表）

姓名:　　　　年级:　　　　执教教师:

日期	组别	课堂纪律	学习态度	课堂表现	组内配合	收获与感受	同学评价	教师评价

备注:课堂纪律、学习态度、课堂表现、组内配合,均为自我评价部分。请根据自己真实的表现作出评价(优、良、中、差),并写出收获与感受:本节课学习过程中最大的收获是什么?请真实书写。

同学评价:请同学对你作出客观真实的评价与建议

教师评价:从课堂的整体表现给出评价(更多应体现鼓励、欣赏以调动学生之兴趣与参与活动的积极性)。

蒙古族音乐文化

感受音乐的魅力（6课时）

一 文化知识的准备（2课时）

1. 自由分组，组建合作小组。
2. 讨论如何学习了解关于蒙古族音乐文化的形成、发展及表现形式。
3. 组内分工，按各自分工去收集查找关于蒙古族音乐方面的知识，如：（1）为什么蒙古民族有悠扬的长调，它是在怎样的生产生活中产生的？（2）蒙古民族还有哪些音乐表现形式，是如何形成的？（3）呼麦这种神奇的歌唱艺术是怎样表现的？（4）马头琴为什么在蒙古民族的心目中占有崇高的地位？马头琴经历了怎样的发展过程？
4. 组内分享各自学习了解关于蒙古族音乐方面的知识，并将其组合串联成一个完整的知识结构，并指派一个同学将组内收集查找的学习资料整理装订，以便下节课及课后总结需要。
5. 小组派代表与全班同学分享组内所学习了解的关于蒙古族音乐文化方面的知识，并鼓励学生根据小组发言可提出自己的问题或质疑，发言方给予解答。
6. 教师给予补充和指导。
7. 要求每个小组根据自己学习了解到的关于蒙古族音乐文化的内容制定小组活动方案（用自己擅长的方式将所学的内容展示给大家，这也是一种学习和交流的方式）。
8. 分配任务，每个同学按各自的任务去做准备工作。

二 实践展示蒙古族音乐（2课时）

1. 小组进行抽签按抽签的顺序出场展示。
2. 其他小组认真观看并及记录展示结束后给予评价。
3. 教师观看各小组展示表演，根据小组展示表演的内容、形式、组内成员的配合合作等及时进行记录，以便为小组打分提供依据。
4. 学唱一首蒙语歌曲《鸿雁》（歌词附后）
5. 收获与感受：各小组派代表总结分享这节课的收获与感受，在合作的过程遇到哪些问题如何解决，有哪些收获，有哪些需要改进的，并请其他小组成员给予评价。

三 收获与感受（2课时）

总结分享本单元的收获与感受。在研究探索过程中及专家讲座中有哪些收获。并书写成文字，由科代表收集、装订成册。

四 教师总结

根据各小组在实践中的表现给出本单元的评价。

鸿雁

1=G 4/4　　蒙古族民歌

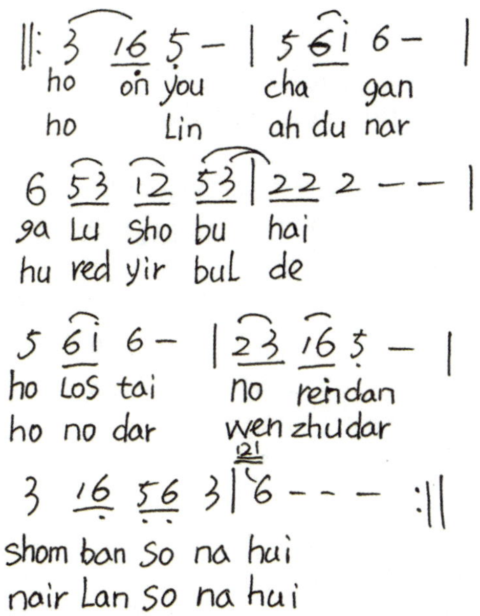

鸿　雁

鸿雁天空上
对对排成行
江水长秋草黄
草原上琴声忧伤
鸿雁向南方
飞过芦苇荡
天苍茫雁何往
心中是北方家乡
天苍茫雁何往
心中是北方家乡
鸿雁北归还
带上我的思念
歌声远琴声颤
草原上春意暖
鸿雁向苍天
天空有多遥远
酒喝干再斟满
今夜不醉不还
酒喝干再斟满
今夜不醉不还

/ 行走世界——呼伦贝尔探访哈萨尔遗址 /

在呼伦贝尔大草原上的额尔古纳河右岸，有一座著名的古城遗址——黑山头古城遗址，据考证这里是成吉思汗的二弟哈布图·哈萨尔曾经的故都，作为他的后裔，我们带着虔诚的心去呼伦贝尔草原寻访心中那块神圣的地方。

哈萨尔，是成吉思汗的同胞二弟，在大蒙古国建立伟业中立下显赫战功。在历史上所谓的射雕英雄指的就是哈萨尔，他带领的部众后来被称为“科尔沁”意思就是“箭手”。

大蒙古国建立后哈萨尔分得的主要领地在呼伦贝尔地区，即在额尔古纳河和斡难河流域，传说哈萨尔有50多个儿子，其子孙后代繁衍至今已经有四十多代，从原来的呼伦贝尔地区通过不断地迁徙扩张、征战，原兴安盟南麓温暖地带科尔沁部的后裔现已达200万，几乎占中国境内蒙古族的一半，主要集中于内蒙古的通辽市、兴安盟、赤峰市的阿鲁科尔沁旗、巴彦淖尔市的乌拉特前旗、乌兰察布市的四子王旗、包头市的达茂旗。此外还包括黑龙江省的杜尔布特蒙古族自治县、吉林省的前郭尔罗斯蒙古族自治县、白城和青海少部分地区。

2010年国庆长假我们决定到呼伦贝尔草原，从那里开启探访哈萨尔古城遗址之旅。

“呼伦贝尔”源自“呼伦湖”和“贝尔湖”，是两个姊妹湖，姐姐“呼伦湖”在内蒙古呼伦贝尔市，也叫“达赉湖”，是中国第五大淡水湖。妹妹“贝尔湖”位于蒙古国境内，姐妹俩遥遥相望，滋润养育着两岸的人民。

驱车驰骋在呼伦贝尔大草原，一路想象着800年前古城是怎样的宏伟和壮观，据说当年“整座城坐北朝南，分为外城、内城，城墙均为土筑。外城呈方形，城墙周长2.35公里，占地面积34.6万平方米，城墙外有护城壕，四面设有城门，门外附设瓮城、马面，拐角处还有高大的角楼突出于墙外。内城为‘干’字形，分设正门和东西城门，内有雕梁画栋的宫殿，外有硕大的影壁”。

也许是有神灵引领，在这片空旷的大草原上我们非常容易地找到了古城遗址，并不像人们所说的那样难找。但和我们想象中完全不同。古城早已没有了当年的雄伟壮丽，眼前的古城，只有一圈底宽约6米，顶宽2米，高3～4米的城墙残基，这便是当年的外城墙，城墙上下都已长满了草，和附近的草原几乎融为一体，历经近八百年风霜雨雪的侵蚀，古城已不见踪迹。但这些残垣断壁却如卧龙般悄无声息地镇守着这里，它们是在等待着主人后代的造访，还是在执着地向世人诉说着这里曾经辉煌的伟业。

草原上的风亦如几百年来一般，肆虐着古城和一同来探寻的我们。城内的正北方，有一个小土坡，据说此地是曾经的宫殿，现今这里只站立着一个木桩，我看不出木桩在这里站了多少年，只见上面缠绕着许多哈达，这些哈达几乎把木桩缠满，用手扒开才可以看到，木桩上雕刻着“哈布图·哈萨尔古城遗址”几个大字，飘起的哈达在风中不停地舞动，似乎在召唤着、激励着主人的后代。仰望蓝天白云，我似乎看见那些逝去的先人，看见他们一直微笑着鸟瞰古城几百年的历程。

蒙古族游牧与居住文化

千百年来，北方游牧民族一直生长在辽阔的蒙古高原上。蒙古族作为蒙古高原的主要游牧者，由于长期从事游牧经济，帐幕是古代蒙古人主要的居住形式。这种用棍条和毡子搭造而成的类圆形又或类伞状，顶部开有圆形天窗的建筑，被古代蒙古人称作穹庐或毡帐。

“敕勒川，阴山下，天似穹庐，笼盖四野……”这首广为流传的《敕勒歌》中所提到的“穹庐”，就是蒙古族特有的典型的居住形式——蒙古包。

/ 游牧文化 /

游牧文化是在游牧生产的基础上形成的。13世纪，蒙古民族登上世界历史舞台，结束了蒙古高原数千年民族、部族纷争的历史，同时也继承、汇聚、整合和发展了历代草原民族的文化，并积极吸收儒家文化、佛教文化、伊斯兰教文化、基督教等文化，不断丰富和完善自己，在此基础上形成了——蒙古族游牧文化。

人类的生产方式生活方式总是与自然环境息息相关，并且会形成一整套与自然环境紧密相连的生产、生活习俗。蒙古族从事的游牧业，在中国史书上被描绘成“逐水草迁徙”、“黑车白帐”，看似无规律的游荡生活，其实是最大限度地利用牧草资源又不破坏和使其退化的生产、生活方式。

/“逐水草迁徙”的生产方式/

“逐水草迁徙”的生产方式是一种人类对自然对象性关系的适应，以天然草地放牧，遵循畜群性及季节规律，把畜牧业的发展限制在自然承受能力之内，最大限度地利用牧草资源又不使其破坏。季节营地的划分是游牧业最明显的特性。可以分为四季营地、三季营地和两季营地。三季营地一般将牧场划分为冬春营地、夏营地以及秋营地，除上述形式，也有夏秋为一季牧的情况。每一季营地驻牧期间，牧人还要根据草场与牲畜状况，做多次迁移。游牧民每年移动的轨迹大游牧圈。游牧路线一般不轻易改变，年年基本都一样。

走“敖特尔”实际上是跨圈移动。在水草充足或遇到自然灾害时，需要走敖特尔”来解决畜的缺水缺草问题。冬营地的灾害主要是“黑白”二灾，无雪导致吃水困难，多雪覆盖则导致牲畜吃草困难。“走敖特尔”既能做到在灾年使牧畜安全度过，又能有效地使草场休养生息。

在蒙古高原生态环境下，游牧式的生产方式既是适应自然的结果，更是主动保护草原的选择。是一种投入少、效益大的有效措施。迁徙本身是一种建设，是协调人、自然与牲畜三者关系的自然法则。游牧就是为了减轻草原人为压力的一种文化生态样式，它确保了牧草和水源的生生不息，蒙古族的游牧方式表现出了浓厚的生态气息天人合一的自然状态。

/ 蒙古包 /

蒙古包是蒙古民族居住的房子，也叫穹庐，毡包。

蒙古包是圆形的，内部的架木结构为：顶部的圆形天窗叫套脑，用木条编制的墙壁叫哈那，将套脑和哈那连接起来的椽子叫乌尼，再将哈那与门连接，一个完整的蒙古包内部的框架就搭建完成，在架子外面再铺上厚厚的羊毛毡子，最后在毡子外面用羊毛绳子捆住，防止毡子被风掀起，这样一个冬暖夏凉、环保、便利的蒙古包就搭建完成了，搭建或者拆卸这样一个蒙古包只需要 2 ～ 3 小时，同时用一个勒勒车就可以将其运走，为此蒙古包被誉为世界建筑史上的奇观。

蒙古包的门都会朝向东南方向，这和蒙古民族崇尚太阳有关，同时也是为抵御严寒和风雪，北方草原寒冷，风雪天气较多，门朝东南方向可以抵御严寒和风雪，这也是蒙古民族能适应自然环境的一种表现。

按传统的习惯，蒙古民族会根据从蒙古包内射进来的阳光的位置判断时间，按照传统习惯，草原牧民的作息时间，通常是根据从蒙古包天窗射进来的阳光的影子来判断确定。据专家研究，面向东南方向搭盖的四个哈那的蒙古包，门楣上有四根椽子共有六十根椽子，两个椽子之间形成的角度为六度，恰好与现代钟表的时间刻度表完全符合。这不仅说明在生活实践中掌握了几何学原理的蒙古手工艺者的高超技艺，同时也说明这些能工巧匠已将天文学应用于生活实际中。

/ 蒙古包结构 /

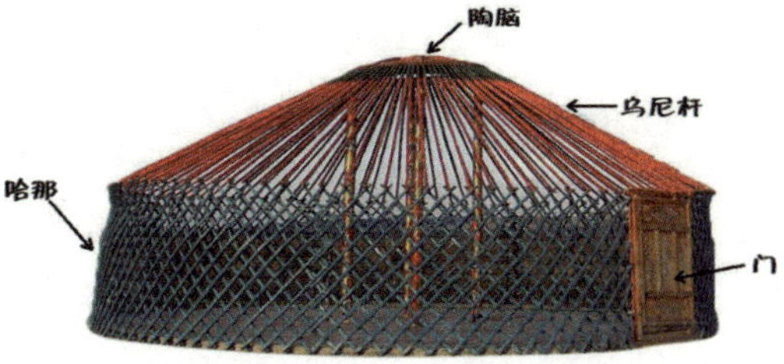

蒙古包主要由架木、苫毡、绳带三大部分组成。制作不用泥水土坯砖瓦，原料非木即毛。

架木

蒙古包的架木包括套瑙、乌尼、哈那、门槛。

套瑙 （天窗）

蒙古包的套瑙分联结式和插椽式两种。要求木质要好，一般用檀木或榆木制作。两种套瑙的区别在于：联结式套瑙的横木是分开的，插椽式套瑙不分。

乌尼 （椽子）

蒙古包的肩，上联套瑙，下接哈那。一般由松木或红柳木制作。长短由套瑙来决定，其数量，也要随套瑙改变。这样蒙古包才能肩齐，能圆。上端要插入或联结套瑙，头一定要光滑稍弯曲，否则造出的毡包容易偏斜倾倒。下端有绳扣，以便于哈那头套在一起。

哈那 （围墙）

哈那承接套瑙、乌尼。它的数量多少由套瑙大小决定。

哈那有三个神奇的特性：

其一，是它的伸缩性。

其二，是巨大的支撑力。

其三，是外形美观。

哈那立起来以后，把网眼大小调节好，哈那的高度就是门框的高度。门由框定。因此蒙古包的门不能太高，人得弯着腰进。毡门要吊在外面

围毡 （保暖）

围绕哈那的那部分毡子叫围毡。裁缝围毡的时候，比哈纳要高出一乍。围毡的领部要留抽口，穿带子。围毡的两腿上也有绳子。围毡外边露出来的部分要镶边和压条。

外罩 （防风雪）

外罩用蒙古语叫胡勒图日格，是顶棚上披苫的部分，它是蒙古包的外装饰。有云纹、莲花、吉祥图案，刺绣的非常美丽。

带子 （固定）

蒙古包的带子、围绳、压绳、捆绳、坠绳的作用是：保持蒙古包的形状，防止哈那向外炸开，使顶棚、围毡不致下滑，在风中被掀起来。

围绳 （固定）

围绳是围捆哈那的绳子，用马鬃马尾制成。分内围绳和外围绳。内围绳是蒙古包立架时，在赤裸的哈那外面中部捆围的一根毛绳。内围绳一旦断裂或没有捆紧，哈那就会向外撑出来，套瑙下陷，蒙古包就有倒塌的危险。外围绳捆在围毡外面，分上、中、下三根。围绳的颜色有的搭配得很好，搓出来是花的。外围绳不仅能防止哈那鼓出来，还能防止围毡下滑。

/蒙古包物品陈设/

蒙古包内陈设，主要是继承了老祖宗敬奉香火、神佛的传说，同时也跟男女劳动的不同分工有关系。蒙古包的空间分三个圆圈，东西的摆布分八个座次。

香火

蒙古包的核心香火位置，按坠绳垂下来正对的地方，就是支放火撑的中心点。

位置

从正北开始，西北、西、西南方都放男人用的东西，东北、东、东南半边都放女人用的东西。这种安排，与蒙古人男右女左的座次直接有关系，也与男女分工不同有关。

神位

蒙古族一直以西北为尊。西北面放佛桌，上面放佛像和佛龛。

男人用品摆放位

蒙古包的西半边，是男人用品摆放的位置。套马杆上的套索也吊在同样的地方，凡是马鞍具，都怕人从上面跨越。凡是人践踏过的地方都不能放，这也说明蒙古人对马的热爱。蒙古包内刀或枪都要挂在西哈那上，刀尖或枪口冲门，这也是古代习惯的延续。

女人用品摆放位

东北方是摆放女人的箱子（脚箱）的地方，一共一对，是从娘家用骆驼运来的，里面有女子的四季衣服、首饰、化妆品等用具。

马鞍具摆放位

蒙古包西南酸奶缸的前后，哈那的头上挂着狍角或丫形木头做的钩子。上面挂着马笼头、嚼子、马绊、鞭子、刷子等物。挂时嚼子、扯手等要盘好，对着香火，好像准备拿走似的。嚼子的口铁不能碰着门槛，挂在酸奶缸的北面或放在马鞍上。放马鞍的时候，要顺着墙根立起来，使前鞍韂朝上，骑座朝着佛爷。如果嚼子、马绊、鞭子分不开，笼头、嚼子要挂在前鞍韂上，顺着左首的鞧鼻向着香火放好，鞭子也挂在前鞍韂上，顺着右手的鞧垂下去。马绊要挂在有首捎绳的活扣上。

食物奶食摆放

毡包的东墙是放碗架的地方。放置也有规矩：肉食、奶食、水等不能混放，尤其是奶食和肉食不能放在一起。因为奶里混进荤腥容易发霉，对做酸奶不利。此外，也跟蒙古人崇尚白色有关。奶、茶要放在上面，水桶放在地上或碗架的南头。

无忧宫（SansSouci Palace）是18世纪德意志王宫和园林，位于德国波茨坦市北郊，为普鲁士国王腓特烈二世模仿法国凡尔赛宫所建。无忧宫中有一个大型蒙古包，这引起我们的好奇，他们与蒙古文化有何渊源，有待我们去探究。

在纳扎尔巴耶夫的提议下哈萨克斯坦建造一个巨大的“室内城市”，起名为“成吉思汗后裔”（Khan Shatyry）的帐篷城市，位于哈萨克斯坦首都阿斯塔纳。

哈萨克斯坦政府请来设计汇丰银行香港总行及香港国际机场的建筑大师福斯特，设计出这个全球最大帐篷形建筑物。总统纳扎尔巴耶夫说：“成吉思汗后裔帐篷可以提供人们生活所需的一切”。

发现问题

我的问题：

1. 蒙古包的由来？为什么说它是流动的家园？
2. 蒙古包的结构和装饰有哪些特点？
3. ______________________________
4. ______________________________
5. ______________________________
6. 如何搭建蒙古包？

探索 学习

组建探索小组 ________________________

确定探索内容 ________________________

制定探索方案 ________________________

分享汇总信息 ________________________

展示探索成果 ________________________

探索 实践

实践内容 ____________ 实践方法 ____________

实践过程 ____________ 实践结果 ____________

建议与改进 ____________

____

自我评价

自我评价 ________________

同学互评 ________________

教师评价 ________________

收获感受

我的收获与感受 ________________

拓展研究

下一步想研究的内容 ________________

____

综合实践课《历史与文化》课程评价表 （自我成长表）

姓名：　　　　　　　　　　年级：　　　　　　　　　　执教教师：

日 期	组 别	课堂纪律	学习态度	课堂表现	组内配合	收获与感受	同学评价	教师评价

备注：课堂纪律、学习态度、课堂表现、组内配合，均为自我评价部分。请根据自己真实的表现作出评价（优、良、中、差），并写出收获与感受：本节课学习过程中最大的收获是什么？请真实书写。

同学评价：请同学对你作出客观真实的评价与建议

教师评价：从课堂的整体表现给出评价（更多应体现鼓励、欣赏以调动学生之兴趣与参与活动的积极性）。

蒙古族居住

搭建蒙古族包（6 课时）

一 文化知识的准备（2 课时）

1. 自由分组，组建合作小组。
2. 讨论如何学习了解关于蒙古族居住蒙古包的历史发展、设计理念、内外结构，架木的结构及搭建方法和技巧。
3. 组内分工，按各自分工去收集查找关于蒙古族居住蒙古包方面的知识。
4. 组内分享各自学习了解关于蒙古包的知识，并将其组合串联成一个完整的知识结构，并指派一个同学将组内收集查找的学习资料整理装订，以便下节课实践课时使用。
5. 各小组派代表与全班同学分享组内所学习了解的关于蒙古族居住文化方面的知识，并鼓励学生根据小组发言可提出自己的问题或质疑，发言方给予解答。
6. 教师给予补充和指导。
7. 制定下节课实践搭建蒙古包的方案。
8. 分配任务，每个同学按各自的任务准备所需的物品及材料。

二 实践搭建蒙古包（2 课时）

1. 准备工作

（1）准备关于蒙古包的学习材料，以便需要时使用。

（2）材料准备：搭建蒙古包时用于捆绑的绳子、剪刀等工具。

2. 开始搭建

（1）各小组按自己学习了解的方法进行搭建。

首先小组将蒙古包的陶脑（天窗）、哈那（围墙）、乌尼（椽子）还有门都搬运到指定搭建的地方，开始按照各自所学的方法搭建。

（2）教师观察各个小组的搭建方法与过程，组内的分工合作情况，并及时进行记录，以便为小组打分评价提供依据。

3. 学生及时反馈在搭建过程中出现的问题，共同解决出现的问题。

4. 收获与感受：每个小组派代表总结分享这节课的收获与感受，在合作的过程遇到哪些问题如何解决，有哪些收获，有哪些需要改进的，并请其他小组成员进行评价。

三 收获与感受（2 课时）

总结分享本单元的收获与感受。在研究探索及专家讲座中有哪些收获，并书写成文字，由科代表收集、装订成册。

四 教师总结

根据各小组在实践中的表现给出本单元的评价。

*** 以下为蒙古包的搭建方法：**

一 安装哈那和门子

先定好蒙古包的方向位置，将门立好、立正，取一块哈那在门的一边拉开和门子一样高，将一边用绳接在门一边的立柱上拴好，再取另一块哈那的另一边，高低找平。将哈那一块一块的连接完后，使最后的一块哈那和门子另一边的立柱拴好，周围找平后，量好蒙古包的直径，取圆，在门子上的绳眼拴好内围绳一根。

二 安装套脑和乌尼杆

在哈那圆的中心将套脑举起来，根据乌尼杆的长度，取了蒙古包的坡度，套脑的十字朝蒙古包门中心一方，看好门上的头数留出套脑眼数（6、8、12），开始从四边装上乌尼杆，乌尼杆下边的毛绳套在哈那上头的里边头上，按顺序安装乌尼杆，最后安装门子上的乌尼杆，安装完后将套脑校正，木架部分全部安装完毕。

三 安装毡套

将毡围子打开，从门子的一边开始，将毡围子上边的布带拴在乌尼杆上，拴完后上下找平，然后套毡顶子套，套上后将四周找平。

四 上外层防雨帆布套

先找出帆布套的门口套，在毡套外层，将中心布套的口和门口对正、拉平，开始安装门的绳眼，由上至下拴蒙古包三根围绳。

/行走世界——佛蒙特州探访 Grafton 村起司厂之行/

本想利用假期前往匈牙利和德国，但是不小心拐弯来到了美国，本以为在这里应该不会有我们想了解的内容，因为二百多年前还不存在美国这个国家，但是行走的过程中还是发现了一些有趣的事情，如：奶酪和奶制品，蒙古人和外国人制作奶食品的工具、制作方法和过程如此相同，是一种巧合还是有渊源呢？非常好奇也想继续探寻一下其中的渊源。朋友汤姆告诉我们他生活的佛蒙特州也是生产起司的重要产区，为此我们决定前往美国佛蒙特洲探访，看看在那里能否找到我想要的答案 。

佛蒙特州在美国的东北部，离我居住的城市波士顿向北 220 公里，坐火车或者大巴车一两个小时就到了，可这却成了我们难题，因为没有火车或者大巴可以直接到达汤姆家。而且整个麻省地区不允许中国护照租车（美国每个州的法律法规都不同，中国护照在有些州是可以租车有些州就不可以），没办法我们只能坐一个多小时的火车到达可以允许我们租车的罗德岛，再租车前往目的地佛蒙特州的牙买加，虽然费了一番周折，但最后还是在罗德岛租上了汽车，开始了我们首次在美国的汽车之旅。

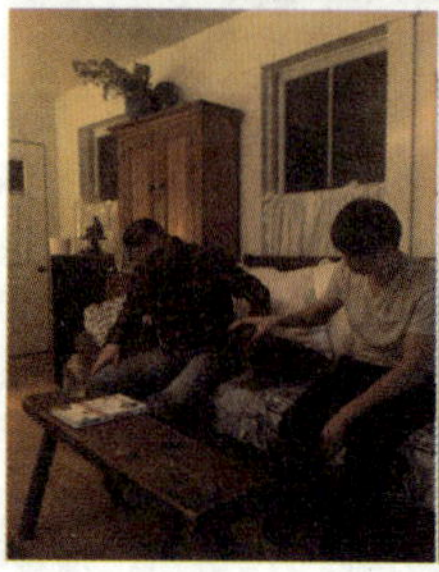

虽说已经有几十年的驾龄，但毕竟是在异国会有很多的不适应和担心，所以220公里的路程我们居然开了近3个小时，下午两点多才到达我们和汤姆约好会合的地方Grafton村起司厂。但是由于路上耽搁时间比预计的要久，天色已经渐晚，我们担心年过七十的汤姆路上开车不方便所以建议他在家里等我们。我们通过导航找到这一家在佛蒙特州很有名气的起司公司。走进去看到各种起司摆放在屋子中央大大的方形柜台及周边和各种货架上，看得我们眼花缭乱，店员热情地请我们品尝各种口味的起司，刚开始有些战战兢兢，因为担心店员向你兜售产品，但后来才知道这在佛蒙特州是一种文化——“试吃”，可以随意品尝各类产品包括起司、果酱、蜂蜜、巧克力、饼干等等。但是这“试吃”并不吸引我们，我们更想知道这些起司是如何制作的，到底与蒙古族奶食品是否有相同的地方，所以我们感受过“试吃”文化后，赶紧到楼上制作车间探个究竟，我们在车间的外墙上看到了他们展示的起司的制作流程。它与蒙古族奶食品制作有很多相同之处。首先将鲜奶进行发酵，然后进行乳清与乳酪的分离，最后是压缩成型放置在阴凉的地方。最后一步与蒙古族奶酪的制作方法不同，蒙古人是将制作好的奶酪进行晾晒后成为比较坚硬的乳酪，而美国人是将他们放置在阴凉通风的地方进行晾晒，形成比较柔软的乳酪。看完制作流程再看车间里制作都已经是机械化了，多少有些失望，本想再深入探访一下但是一看时间已经不允许我们再逗留，因为我们还要赶几十公里的山路，才能到达汤姆的家，所以我们放弃继续探访，因为明天汤姆还为我们安排到另一家奶酪制作工厂参观。

出来已经是下午3点40分，冬季的佛蒙特州下午4点左右太阳就落山了，当我们快赶到目的地时，远远就看到一个熟悉的身影，是汤姆在路边等待着我们，那个瞬间让我们忘记了冬天的寒冷，温暖极了。

蒙古族传统交通工具

蒙古族是具有悠久历史和灿烂文化的民族。蒙古族游牧生产方式离不开驮运与装载货物的交通运输工具。既是生产工具，又是生活必需品的马、牛、骆驼、勒勒车就成了蒙古族最传统的交通工具。这些传统的交通工具与蒙古族一起创造了蒙古族游牧文明，尤其是马更是同蒙古族一同被载入了史册。

蒙古马

蒙古人有马背民族之称。古代时期童叟均以马代步。马不仅是蒙古人的交通工具，同时也是蒙古民族文化的重要组成部分。蒙古人熟识马性，通常采用粗放式牧马。蒙古马分几大系列，有乌珠穆沁马、上都河马、乌审马、三河马、科尔沁马等。

因为蒙古人自幼就在马背上成长，马就是蒙古人的摇篮，所以蒙古人认为，马是世界上最完美、最善解人意的牲畜。蒙古马性子烈、剽悍，对主人却十分忠诚。蒙古人视马为牧人的朋友，马以头为尊贵，蒙古人严禁打马头，不准辱骂马，不准两个人骑一匹马，秋天长膘期不准骑马狂奔使马出汗。马倌、骑手要随身携带刮马汗板、马刷子，随时为骑乘的马刷洗身子、刮除马汗，为马舒筋活血、放松肌肉、消除疲劳，同时，这也是主人与马亲近、增强感情的途径。

蒙古草原辽阔，牧草丰茂，很适宜养马。马好运动，故食量大，胃小，消化快，边食边排便，一天多数时间都要不停地吃草。夏季天热蚊虫多，马在白天躲蚊虫避酷暑，所以主要在夜间吃草长膘。

马已深深地融入蒙古人的精神世界之中。蒙古人以马为主题的赞美诗、寓言故事、警句格言、民间传说、民歌、音乐、美术、雕塑等，数之不尽。蒙古人还有许多与马有关的节日，如赛马节、马驹节、马奶节、神马节等。鄂尔多斯高原上的成吉思汗陵，奉养着一匹成吉思汗的神马温都根查干和两匹成吉思汗的白骏马。

蒙古马原产于蒙古高原，处于半野生生存状态，它们既没有舒适的马厩，也没有精美的饲料，在狐狼出没的草原上风餐露宿，夏日忍受酷暑蚊虫，冬季能耐得住零下 40℃的严寒。蒙古马体形矮小，其貌不扬，然而，蒙古马在风霜雪雨的大草原上，没有失去雄悍的马性，它们头大颈短，体魄强健，胸宽鬃长，皮厚毛粗，能抵御西伯利亚暴雪；能扬蹄踢碎狐狼的脑袋。经过调驯的蒙古马，在战场上不惊不诈，勇猛无比，历来是一种良好的军马。蒙古马被农业部确定为 138 个国家级畜禽遗传资源保护品种之一。

骆驼

性情温顺，易驯服，耐饥渴，耐寒暑，善跋涉，能负重。既产乳、肉、绒毛，又可役用，一身兼有多种用途，是其他家畜所不及的。内蒙古西部地区骆驼很多，蒙古语称它们为“特莫”，是牧民们不可缺少的交通运输工具。可骑乘、可载货。它身高二三米，腿很长，迈一步可达一米多远，能日行一二百华里。长途跋涉经久不衰，而且负重力相当大。能载二百公斤左右货物，相当于一匹骏马和两头犍牛的负重量。自古就有“沙漠之舟”的美誉，是沙漠地区的货运主力。今天，虽然有了飞机、火车、汽车等现代化交通运输工具，但骆驼仍不失它的特殊使命。在内蒙古西部的库布其、毛乌素等沙漠地带，一队队骆驼常常在这里负重远行，阵阵驼铃不时从沙漠中传出。勘探队考察沙漠，治沙队绿化沙漠，旅游队遨游沙漠，只有那傲视沙漠的骆驼才是他们忠贞不渝的伙伴。

勒勒车

是蒙古族为适应草原上的自然环境和生活习惯而制造出的一种交通运输工具。“勒勒”是赶车的牧民吆喝牲口的声音。

这种车的特点是车轮较大，轮子直径可达 1.40 米左右，可完全用桦木或榆木制成，不用铁件，结构简单，易于制造和修理。整个车一般分下脚和上脚两部分。下脚由车轮、车辐、车轴组成。车轮的制造一般是先用硬木削刻 12 付车辋，将 12 付车辋连结固定在一起便形成圆形车轮，支撑车轮的车辐条一般有 36 根左右。上脚由两根车辕和 10 条车撑构成。车辕长约 4 米左右，中间用 10 条车撑固定即可。一辆勒勒自重约一百斤左右，可载货五六百斤至千余斤。耐磕碰，车体又轻，适宜在草原、沙滩上通行。牧区冬天雪深过膝，夏季草深，沼泽地多，轻便灵活，车轮大的“勒勒车”，可以免于陷入沼泽和深雪之中。车身长，一般在 4 米以上，车上可带篷。带上篷，车厢形若船舱，“行则车为室，止则毡为庐”，常常是一家人住在里头。一般每户牧民都备有一辆或几辆“勒勒车”，每当牧民迁居或聚会时，常常也是几十辆车前后相连，鱼贯而行，十分好看。由于“勒勒车”在雪地和深草中行走迅速，被称为“草上飞”，因而时常作为战车在战争中驮运军队的辎重。

发现问题

蒙古族是游牧民族，他们迁徙时的工具有哪些？

你知道蒙古马吗？为什么说马是蒙古人的“挚友”

勒勒车是什么样子的呢？是如何制作的？

我的问题：

1. 蒙古族的传统交通工具是什么？
2. 勒勒车的由来？
3. 为什么说蒙古族是马背民族？
4. 蒙古马的特点？
5. ________________
6. ________________

探索 学习

组建探索小组 ____________________

确定探索内容 ____________________

制定探索方案 ____________________

分享汇总信息 ____________________

展示探索成果 ____________________

探索 实践

实践内容 __________ 实践方法 __________

实践过程 __________ 实践结果 __________

建议与改进 __________

____

自我评价

自我评价 ______________________________

同学互评 ______________________________

教师评价 ______________________________

收获感受

我的收获与感受 ______________________________

拓展研究

下一步想研究的内容 ______________________________

____

综合实践课《历史与文化》课程评价表 （自我成长表）

姓名：　　　　年级：　　　　执教教师：

日期	组别	课堂纪律	学习态度	课堂表现	组内配合	收获与感受	同学评价	教师评价

备注：课堂纪律、学习态度、课堂表现、组内配合，均为自我评价部分。请根据自己真实的表现作出评价（优、良、中、差），并写出收获与感受：本节课学习过程中最大的收获是什么？请真实书写。

同学评价：请同学对你作出客观真实的评价与建议

教师评价：从课堂的整体表现给出评价（更多应体现鼓励、欣赏以调动学生之兴趣与参与活动的积极性）。

蒙古族传统交通工具

探索蒙古族有哪些交通工具（6 课时）

一 文化知识的准备（2 课时）

1. 自由分组，组建合作小组。
2. 讨论如何学习了解关于蒙古民族的交通工具。蒙古民族是一个游牧民族，也是马背民族，在千百年的游牧生活中，他们的主要交通工具是马、牛、骆驼及勒勒车等，我们一起去探索千百年来蒙古人使用的这些交通工具到底有怎样的特点和优势吧！
3. 组内分工，按各自分工去去收集查找关于蒙古族交通工具方面的内容。
4. 组内分享各自学习了解的知识，并将其组合串联成一个完整的知识结构，并指派一个同学将组内收集查找的学习资料整理装订，以便下节课展示及课后总结需要。
5. 各小组派代表与全班同学分享自己小组所学习了解的关于蒙古族交通工具方面的知识，并鼓励学生根据小组发言可提出自己的问题或质疑，发言方给予解答。
6. 教师给予补充和指导。
7. 各小组根据自己学习了解的蒙古族交通工具的内容制定一个各自小组的展示活动方案（用自己擅长的方式将所学的内容展示给大家，这也是一种学习和交流的方式）。
8. 分配任务，每个同学按各自的任务去准备。

二 实践观察勒勒车（2 课时）

学生讨论：（1）观察实物勒勒车与在电视或者视频中看到的有何不同？
（2）勒勒车的制作工艺是怎样的？
（3）勒勒车的轱辘为什么是木质的？
（4）勒勒车在蒙古人生产生活中有怎样地位，为什么？

三 收获与感受（2 课时）

总结分享本单元的收获与感受。在研究探索过程中及专家讲座中有哪些收获。并书写成文字，由科代表收集、装订成册。

四 教师总结

根据各小组在实践中的表现给出本单元的评价。

文明好学

文 明 好 学
认 真 刻
360图片

行走世界——美国佛蒙特州林兰格瑞中学

位于美国东北部的佛蒙特州，是一个相对偏远的地方，冬天雨雪很大，气温相对很低。我的朋友汤姆是林兰格瑞中学的一名教师。林兰格瑞中学有400多名学生，有着一栋四层的教学楼，由于楼房是沿着山坡而建，所以从后面的门进入可以直接到学校的四楼。走进学校第一眼看到的是五颜六色摆放整齐的滑雪板，汤姆告诉我们，今天是周三，学校规定每周三下午为室外活动课，学生可以根据自己喜好选择户外项目，因为佛蒙特的冬季寒冷多雪，滑雪成了多数孩子的最佳选择。

汤姆带我们走进第一个教室是“中文”教室，老师叫丹丹，她的教学能力非常强，因表现突出被评为优秀教师，还受到奥巴马的接见，非常了不起，用现在的说法，我们要为丹丹老师点个赞，她为我们华人争光。孩子们很喜欢他们的老师，很多孩子以中文为第一外语，甚至一个家里几个孩子都选择学习中文。

汤姆从另一个教室叫出来一位白人教师，这位教师知道我们是来自中国内蒙古的蒙古族后居然用蒙古语和我们交流，我们很诧异，后来老师告诉我们由于她对蒙古民族感兴趣曾经留学蒙古国。

在汤姆的带领下我们走近音乐教室，音乐教室就是一个微型的礼堂，有几排看台，我们走进时正在上音乐课，有十几个学生站成两排唱着和声，老师边指挥边弹琴伴奏，和声很专业很动听。

我们还去了很多的教室，如历史、手工、健身、美术等教室，印象深刻的还是图书馆，图书馆里的孩子们很随意地坐着甚至有些还躺在地上，但是这些似乎并没有影响他们认真读书，安安静静、聚精会神。但是这些还远没有走进木工房看到一顶蒙古包时带给我们的震撼大，没有想到在漂洋过海上万公里以外的异国他乡居然看到自己的蒙古包，这种激动和震撼无法用言语表达。走进蒙古包，看到套脑、哈那、乌尼，这些东西制作环节都非常精细，只是蒙古包的包门高出了哈那的高度，其他地方做得非常规范，遗憾的是由于我们探访的时间比较紧张没能见到设计者。我以为自己做的已经非常棒了，带领学生学习了解过家乡的特色文化，带领他们实践体验过搭建蒙古包，但是当我看到林兰格瑞中学木工房中的蒙古包后意识到自己的骄傲是多么的幼稚，他们不是在搭建而是在自己动手设计制作，我知道我还需要学习更多。

总之，这次林兰格瑞中学之行受益匪浅，记得博物院的赵老师说过在法国罗浮宫的墙上曾看到这样一句话：I see and I forget，I hear and remember，I do and I understand。意思是：我看到，我忘记，我听到，我记得，我做，我明白。所以我们一定让学生去做，才能达到最好的教育效果。

LELAND AND GRAY

蒙古族服饰

中国蒙古族聚居在中国北部内蒙古自治区境内（还有新疆、甘肃、青海、东三省、河北、河南等省、自治区），主要靠放牧为生，他们的服饰千百年来始终以其独特的款式和精湛的制作工艺而闻名于世。蒙古族服装强调色彩对比和服饰效果，以宽袍阔带著称，其色彩明亮浓郁，充分显示出蒙古人热情、彪悍、豪放的性格。蒙古族服饰包括蒙古袍、腰带、靴子、首饰等。

/ 蒙古袍 /

蒙古袍是蒙古族的传统服饰。

蒙古袍从材料、工艺、款式到穿着方式及使用过程都体现了本民族的风俗特点。首饰、长袍、腰带和靴子是蒙古袍的 4 个主要部分。

元代是蒙古袍的发展期。清代是蒙古袍部落特色的形成期。

蒙古袍是蒙古族传统文化的精髓之一，2004 年被列入国家民族民间保护工程试点项目，2008 年被列入国家级非物质文化遗产名录在内蒙古、新疆等地牧区，男女老幼一年四季都喜欢穿长袍，俗称“蒙古袍”。春秋穿夹袍，夏季穿单袍，冬季穿皮袍、棉袍。男袍一般都比较肥大，女袍则比较紧身，以显示出女子身材的苗条和健美。其式样和颜色因地因人而略有差异。

一般蒙古袍的特点是宽大袖长、高领、右衽，多数地区下端不开衩。袍子的边沿、袖口、领口多以绸缎花边“盘肠”“云卷”图案或虎、豹、水獭、貂鼠等皮毛装饰。既美观大方，又具有良好的实用功能。冬天防寒护膝，夏天防蚊虫叮咬、遮暴晒。行可当衣，卧可作被。鄂尔多斯等地的蒙古人还喜欢在袍外套穿长短不一的坎肩。

/ 腰带 /

是蒙古族服饰不可缺少的重要组成部分。一般多用棉布、绸缎制成，长三四米不等。色彩多与袍子的颜色相协调。扎腰带既能防风抗寒，又能在骑马持缰时保持腰肋骨的稳定垂直，而且还是一种漂亮的装饰。男子扎腰带时，多把袍子向上提，束得很短，骑乘方便，又显得精悍潇洒。腰带上还要挂上“三不离身”的蒙古刀、火镰和烟荷包。女子则相反，扎腰带时要将袍子向下拉展，以显示出娇美的身段。鄂尔多斯等地区扎腰带还有一定的讲究和规矩，未婚女子扎腰带，并在身后留出穗头，一旦出嫁，便是“布斯贵浑”（蒙古语，意为“不扎腰带的人”），代替腰带的是紧身的坎肩，以此来区分未婚姑娘和已婚妇女。

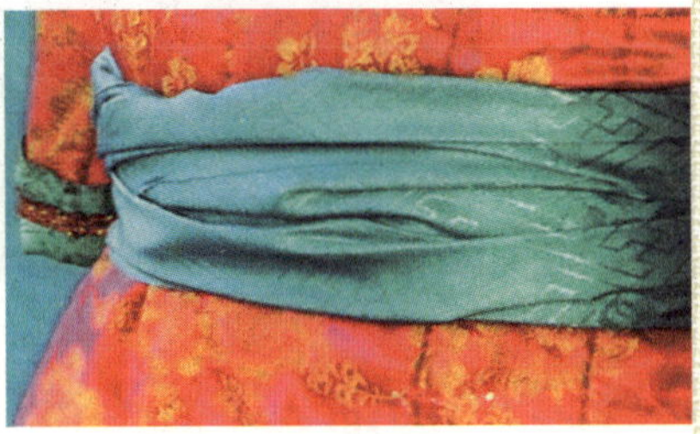

/ 蒙古靴子 /

靴子是蒙古族人民在长期的劳动生产和日常生活中创造出来的，非常适应自然环境。骑马时能护踝壮胆，勾踏马镫；行路时能防沙防害，减少阻力，又能防寒防蛇。蒙古民族服装的配套部件之一。蒙古人爱穿靴子，蒙古靴分布靴、皮靴和毡靴三种，根据季节选用。布靴多用厚布或帆布制成，穿起来柔软、轻便。皮靴多用牛皮制成，结实耐用，防水抗寒性能好。其式样大体分靴尖上卷、半卷和平底不卷的三种，分别适宜在沙漠、干旱草原和湿润草原上行走。毡靴用羊毛模压而成。蒙古靴做工精细考究，靴帮、靴鞠上多绣制或剪贴有精美的花纹图案。

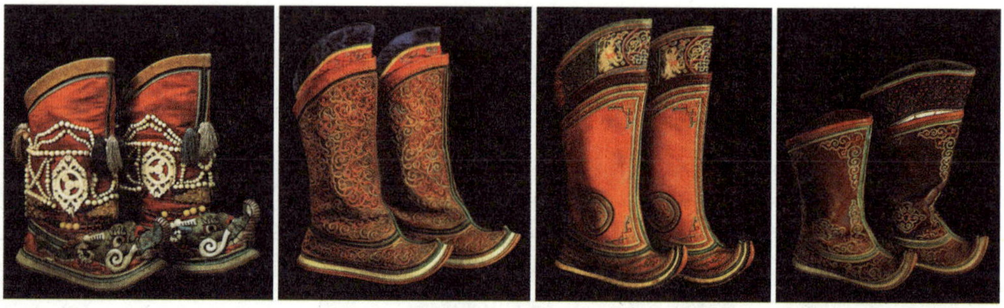

/ 首饰 /

首饰大致可分为头饰、项饰、胸饰、腰饰、手饰等五大类。

蒙古族的盛装头饰，以鄂尔多斯地区的最为典型。这种头饰汉译为“头带”，主要由“连垂”和“发套”两部分组成。不仅制作工艺精湛，而且多用数百颗珊瑚、数十条银链、珍珠串和许多银环、银片以及玛瑙、玉石等穿缀而成。装扮起来可谓珠帘垂面、琳琅满目。一付头带一般都重达三、四斤，有的可达十余斤。据说一付高档的头带，过去往往要用几群好马或数百峰好驼才能换取。妇女们平时一般多罩头巾。头巾大约丈余长，颜色多种多样。质料有布、麻、绸、绢等。姑娘们喜欢将头巾缠在头上，然后在右侧挽一个小结，把头巾的穗头垂下来。

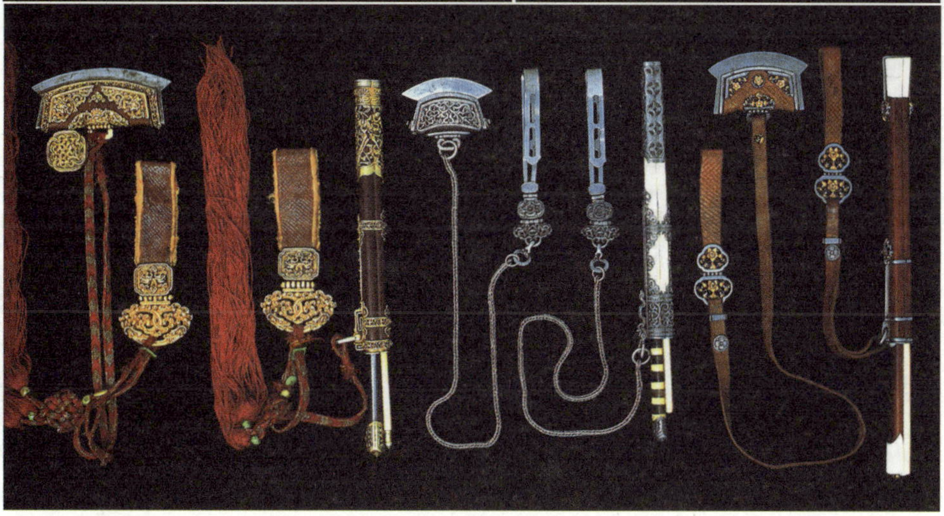

/ 姑姑冠 /

是元代蒙古族的冠制。

姑姑冠，又作顾姑、故姑、固姑、罟罟、罟姑等。“姑姑冠”其实是蒙古语“妇女头饰”的汉语音译。在元代，只有蒙古贵族的已婚妇女才能佩戴姑姑冠。

此冠形如圆柱，顶部正方，高二尺左右，以竹木为骨，外糊纸或皮，通常以红娟金帛为饰，里面包着贵重的丝织物，点缀着各种珠宝。冠顶并插一杆修长的羽毛，或饰以彩帛的柳枝、铁杆等。制作精美，绚丽多姿。戴上这种帽子远远就能看到，很是惹人注目。

由于姑姑冠比较高，戴上它的妇女出入时要低下头，稍稍弯腰侧身，以免姑姑冠碰到别的物体，因而戴冠者的姿态甚是婀娜。戴着姑姑冠干活肯定是不方便的，所以，普通的牧民妇女是不戴这种华丽的头饰的，只有贵族的妇女才戴姑姑冠。

成吉思汗的皇后孛儿帖兀真

成吉思汗的皇后也遂

成吉思汗的皇后也速干

「三娘子」

三娘子出生于瓦剌奇喇古特（土尔扈特）部落，其父哲恒阿哈是该部落的首领，该部落遗址就在今鄂尔多斯市乌审旗一带。三娘子本名叫钟金哈屯，意为高贵显赫。有关史籍记载说她“幼颖捷，善番书，黠而媚，善骑射”。

后来，瓦剌奇喇古特部落与雄才大略的阿拉坦汗（也称俺答汗）联姻，于是，20 岁的三娘子嫁给了阿拉坦汗，成为王妃。为了辅佐丈夫扩展疆土，发展漠南经济，三娘子毅然随夫出征瓦剌。

三娘子出嫁之时，正值明朝政府与塞外草原的关系极度紧张时期。经过 20 多年连绵不断的战争，双方损兵折将，人民流离失所，农牧业生产萧条。面对这种剑拔弩张的严峻形势，三娘子以其聪明才智力排众议，积极主张与明朝政府和好。公元 1571 年 3 月，经过三娘子的不懈努力，双方终于宣布休兵罢战，化干戈为玉帛，实现了通贡互市。与明朝政府实现通贡互市之后，塞外草原上的几千里边境地带很快出现了一派祥和、安定、繁荣的景象。此后，三娘子积极维护与明朝的友好和贡市关系，使得蒙汉人民可以自由贸易。后来，明朝政府封阿拉坦汗为顺义王，封三娘子为忠顺夫人。在明朝以前，塞外草原上还没有一座像样的城池。据《明史》记载，明隆庆六年（公元 1572 年），阿拉坦汗和三娘子开始共同主持修建一座名叫库库和屯的城池。万历三年，城池建成，明朝政府赐名为归化城（即今呼和浩特）。

蒙古族各部落服饰

阿拉善和硕特蒙古族

阿拉善和硕特男子穿左、右下摆开叉、镶单边长袍，外套对襟坎肩，以成幅彩绸系腰。女子穿镶绣花边、金银丝涤边和彩色鲜艳的长衫或坎肩，头饰以黑蓝色为基调，额前正中戴上缀八瓣形镀金錾花托，对称的镶嵌翡翠、红宝石等，头顶部有两粒大珊瑚珠与一花形镶珍珠金饰共同组成顶饰。

巴尔虎蒙古族

巴尔虎男女老幼情有独钟的宽下摆长袍，在立领和马蹄袖的衬托下，固守着蒙古族中最原始的款式。陈巴尔虎的男士长袍，宽花边，开衩。新巴尔虎的男士长袍，窄花边，不开衩。巴尔虎蒙古族妇女头饰，围箍为宽约 7 厘米的银质錾花圈，前部镶嵌数粒半圆珊瑚，圈后坠 3 个镂雕小银铃。头箍两侧向外延伸为牛角形银饰，由布带连接固定，将头发夹于两饰物中。似扇骨的枝条正面镶珊瑚、松石珠，背面錾刻卷草、梅花纹。头饰在下端渐收成柄状，下坠银链流穗，重约 4 公斤左右。

科尔沁蒙古族

此蒙古部因居住地与满族毗邻，其装饰风格深受满文化影响，头饰为珊瑚珠串头围带插各式簪钗，袍服制作亦吸收满式风格，并注重绣花、贴花、盘花等工艺运用。

鄂尔多斯蒙古族

鄂尔多斯蒙古族妇女头饰由冠饰和两侧下垂的长圆形发棒组成。冠饰的头围箍用嵌珊瑚的圆形錾花银托排列围合，以小银珠串编的前额流苏依眉心呈“人”字形，围箍两侧各坠数条或十几条长约40厘米由珊瑚、松石珠及嵌宝银花串联的流穗，其尾端由几十个小银饰链作坠，行走时，可发出清脆悦耳的声响，犹如鲜卑妇女的“步摇冠”。冠饰的后帘及侧饰，以嵌绿松石的錾花银饰为核心，由上百粒珊瑚珠排列成梯形后帘和左右对称的两个长形圆角侧饰。鄂尔多斯头饰颜色、材料选用及制作讲究，有“头饰之冠”的美誉，其上点缀的绿松石无论前后、左右都在一条线上，极富立体感。头饰重量通常在5至10公斤左右。

布里亚特蒙古族

男人春、夏、秋三季头戴呢子尖顶帽或前进帽，身着长袍，腰束绸带，足蹬马靴。女子头系绸巾，未婚女子身穿前胸打褶的溜肩式长裙，已婚女子身着肩部打褶的长袍，流动着明显的俄罗斯风情。布里亚特蒙古族妇女头饰形制较简洁、明快，只在围箍上坠红珊瑚珠十数粒，两侧各有一个镂花的圆环银饰，并与胸前圆盒挂饰相连。布里亚特姑娘结婚后都改穿妇人袍，叫“哈莫根德格勒”，袍子外面加套坎肩，肩部高耸，纳有许多衣褶，衣褶下面的臂部和胸部都围饰着绣有金线的宽衣边，衣边图案美观。据说这种袍子，一般是由裁剪好的7块布缝制而成。

察哈尔蒙古族

察哈尔服装肥大、厚重。妇女头饰由头围箍、流穗、后帘构成。头围箍上缀嵌珊瑚、松石的鎏金花座，两侧以精致的镂空蝴蝶饰连接流穗。脑后为一弯月形錾花饰片，下接由珊瑚、松石珠穿编成网状后帘，帘长及肩，十分瞩目。

乌拉特蒙古族

冬季，男子顶部缀有绛疙瘩顶戴，帽檐小，帽耳较高的圆顶或尖顶皮帽，帽檐帽耳多为羊羔皮、狐皮或貂皮、水獭皮，帽耳根部有一条扁形带子，用作系帽，还有两条扁形飘带垂于帽后。夏季戴帽檐圆、后边开衩扁圆顶帽子，春秋季多戴瓜皮帽或礼帽。妇女头饰的围箍及后帘由同等大小的镂空圆银饰排列钉缀，银片镂雕佛教八吉祥图案。在流苏上方有一近似菱形的额顶饰，其上嵌色彩鲜艳的珊瑚、松石。两侧是由银珠、珊瑚、绿松石等串联的数条长流穗，达于腰际。

乌珠穆沁蒙古族

高领、宽沿边、肥大而无开衩、又在镶边工艺上男女有别的长袍，代表了乌珠穆沁服饰独特的风格。在大襟、垂襟和下摆之缘的绗缝道数成为东西乌珠穆沁的分野：一道绗缝为东乌珠穆沁，两道绗缝为西乌珠穆沁。在整个面料上，东乌珠穆沁为一指多宽密针绗线；西乌珠穆沁为三至四指宽针绗线。春、秋、冬季套在靴子里的是毡袜或棉袜。夏季用蓝布或白粗布密纳缝制布袜子，袜子筒要比靴高出 10 厘米多，袜口用鲜艳库锦镶边，年轻人另绣有各式花草或几何图案。

翁牛特蒙古族

无论男女老幼，皆爱穿右开襟、嵌对扣或排扣，以金银丝或刺绣镶边的长袍。男服长袍外套马褂，束腰带。外出探亲或参加庆典活动，多以成幅绸缎束腰，颜色与长袍相异，两端对称掖于后背作穗。嗜烟的年轻人，多把精制烟荷包、烟袋掖在腰部左侧，右侧掖忽图嘎、合特。

茂明安蒙古族

姑娘从十四五岁起戴额穗子，夏季戴圆帽，冬季戴尖顶红缨立檐帽。穿有马蹄袖长袍，外套坎肩。系粉、红、绿色腰带，在腰带后面挂五颜六色的绸缎。在大襟上角戴牙签儿、鼻烟壶袋，胸前挂“固”。

翁牛特蒙古族

身上的棉袄或羊皮大襟短衣，脚上的单脸或双脸布鞋，诉说着从游牧到农耕的生活历程。无开衩棉长袍，不系腰带，脚穿布鞋或绣花绸缎鞋的妇女穿着，流露出土默特蒙古人对传统历史的留恋；年轻妇女面施胭脂粉，发施杏子油，斜插珠花，簪钗耀眼。红缨圆顶，绣花立檐，帽后拖有绣花飘带两条，长有 1 尺 5 寸左右，款式如察哈尔右翼旗的妇女礼冠，则散发着世禄之家的尊贵。

发现问题

我想知道：

1. 蒙古族服饰的演变历史？
2. 蒙古族服饰有哪些特点？
3. 为什么靴子上常绣花，花代表什么或有什么寓意吗？
4. 蒙古摔跤服是怎么制作的？都有哪些部分组成？
5. ______________________________
6. ______________________________

探索 学习

组建探索小组 ______________________________

确定探索内容 ______________________________

制定探索方案 ______________________________

分享汇总信息 ______________________________

展示探索成果 ______________________________

探索 实践

实践内容 ____________ 实践方法 ____________

实践过程 ____________ 实践结果 ____________

建议与改进 ____________

____

自我评价

自我评价 ____

同学互评 ____

教师评价 ____

收获感受

我的收获与感受 ______________________________________

拓展研究

下一步想研究的内容 __________________________________

____

综合实践课《历史与文化》课程评价表 （自我成长表）

姓名: 年级: 执教教师:

日 期	组 别	课堂纪律	学习态度	课堂表现	组内配合	收获与感受	同学评价	教师评价

备注:课堂纪律、学习态度、课堂表现、组内配合,均为自我评价部分。请根据自己真实的表现作出评价(优、良、中、差),并写出收获与感受:本节课学习过程中最大的收获是什么?请真实书写。

同学评价:请同学对你作出客观真实的评价与建议

教师评价:从课堂的整体表现给出评价(更多应体现鼓励、欣赏以调动学生之兴趣与参与活动的积极性)。

蒙蒙古族服饰文化

探索服饰魅力（7 课时）

一 文化知识的准备（2 课时）

1. 自由分组，组建合作小组。
2. 讨论如何学习了解关于蒙古民族服饰文化，在千百年的演变中有哪些变化，服饰主要分几类，为什么蒙古民族的服饰多以鲜艳的颜色为主呢？姑姑冠是什么，在多年的发展中每个部落的服饰也都有自己的特点，这些特点又有哪些共同点和区别呢。
3. 组内分工，按各自分工去去收集查找关于蒙古族服饰方面的知识。
4. 组内分享各自学习了解的知识，并将其组合串联成一个完整的知识结构，并指派一个同学将组内收集查找的学习资料整理装订，以便下节课展示及课后总结需要。
5. 各小组派代表与全班同学分享自己小组所学习了解的关于蒙古族服饰文化方面的知识，并鼓励学生根据小组发言可提出自己的问题或质疑，发言方给予解答。
6. 教师给予补充和指导。
7. 要求各小组根据自己学习了解的蒙古族服饰文化的内容制定小组的展示活动方案（用自己擅长的方式将所学的内容展示给大家，这也是一种学习和交流的方式）。
8. 分配任务，每个同学按各自的任务去准备。

二 实践展示蒙古族服饰（2 课时）

1. 各小组进行抽签按抽签的顺序出场展示。
2. 其他小组认真观看并及记录展示结束后给予评价。
3. 教师观看各小组展示表演，根据小组的展示表演内容、形式、组内成员的配合合作等及时进行记录，以便为小组打分提供依据。

三 观看蒙古族服饰展视频（1 课时）

1. 播放蒙古族服饰展视频
2. 讨论 （1）这些服饰与自己所了解的服饰有何不同？
（2）从这些了解到的服饰文化中你看到了什么？想到了什么？

四 收获与感受（2 课时）

总结分享本单元的收获与感受。在研究探索过程中及专家讲座中有哪些收获。并书写成文字，由科代表收集、装订成册。

五 教师总结

根据各小组在实践中的表现给出本单元的评价。

蒙古族服饰

/行走世界——美国佛蒙特州韦斯顿探访 woodcock 农场奶酪公司/

从林兰格瑞学校出来已经是中午，我们没吃午饭便赶往佛蒙特州维斯顿 woodcock 农场奶酪公司。虽说只有几十公里，但是由于路上积雪比较多，所以我们决定还是早去早回，尽量不赶夜路。一路上都是雪域树林，时不时地还可以看到野鸡与鹌鹑，汤姆告诉我们昨天吃的蓝莓就是从这里采摘的，这里的自然环境非常不错，到处是森林，如果是夏天来这里的景色会更美！

一个小时后我们到达了 woodcock 农场奶酪公司。汤姆说在维斯顿这家起司是属于知名品牌，很多商店都在出售他家的起司。我们发现这里的工厂规模都不大，在国内这样的规模应该属于作坊。工厂主人 Mike 知道我们来自中国内蒙古，了解到我们此行的目的后热情地接待了我们，带我们参观了他的生产车间及羊舍，给我们品尝各种口味的奶酪，我们各自分享自己制作奶食及奶酪的工艺。从制作过程和工艺上起司和奶食是有些区别，但不是很大。起司：鲜牛奶—加热—添加菌类—发酵—搅拌—分离乳清—奶酪。奶食：鲜奶—自然发酵—加热—分离乳清—奶豆腐。只是后期的放置过程二者有明显的区别，蒙古族制作的奶豆腐在常温下会变硬变干，但是冷藏下会保持原有的湿度。奶酪却是在常温下放置时间越长越细腻柔软。当我问及奶酪文化的起源时主人也没能给我一个满意的答案，他只是知道奶酪的制作方法但并不知道它到底源于哪个年代又经历了哪些改变以及是如何发展的。虽然此行还是没有找到我想要的答案，但是至少我又进一步了解了这两个相隔遥远的国度居然有那么相近的奶食制作文化。在我们即将告别时，Mike 告诉我们，其实他们制作奶酪的方法多采用意大利的奶酪制作方法。这句话太重要了，意大利的历史要远比美国悠久。记得我第一次发照片时就是在一家意大利的制作奶酪的地方，噢，原来我跑偏了，制作起司奶酪的故土本不在美国，美国是一个整合世界文化的地方，要想追根溯源还是要去更远的地方。

Cheese Co.

HEINI'S
All Natural
AMISH
BUTTER

蒙古族传统体育

蒙古族传统体育是伴随着蒙古族民众生产与生活实践而发展起来的一种民族体育文化形态。它的延续与发展，与蒙古族的语言习俗、岁时节日、生活习惯、伦理道德、宗教信仰、行为准则、价值观念、思维方式、思想意识、心态感情等联系在一起。既是蒙古族民众表达信任、交情、和谐、互惠等人际交谊的一种形式，更是中华传统体育的重要组成部分。

长期的游牧生活和草原环境，形成了蒙古民族特色的传统体育活动。尤其是在传统的那达慕大会上，更成为许多传统体育活动的大展示。在蒙古族的体育活动中，代表性的传统项目主要有射箭、摔跤、布木格、赛马、马术、套马、赛骆驼、打布鲁、沙塔拉（蒙古象棋）和鹿棋等。

射箭

是生活在北方草原地区蒙古族的传统体育项目，具有悠久的历史。史载，十三世纪成吉思汗统一蒙古诸部落后，曾大力发展和推广射箭活动，骑射之风闻名于世。而他的军队中，每个战士都配备有射箭用的弓和箭筒。成吉思汗的军师木华黎，就是一个著名的射箭能手。据《元史·列传》就记载了木华黎的事迹，说他“猿臂善射，挽弓二百强”。历史上，蒙古族射箭比赛使用的多是牛角弓、皮筋弦、木制箭和铁链等，每次射的距离只有 15 米、20 米。箭靶是五种不同颜色涂成的“毡片靶”。靶的中心是活的，箭射着中心后就会掉下来。还有一种比赛是不设箭靶，从几米处远射堆在地面上的目标。该目标是堆砌起来的，呈塔形，箭射中并全部倒塌，为胜。

一般来说，蒙古族射箭主要分静射和骑射两种。

赛马

蒙古马和阿拉伯马曾是世界两大名马，蒙古马就是蒙古族长期精心培育的优良马种。蒙古族爱马，赛马也是男女老幼最喜爱的活动。

每当春末夏初，给马打鬃、去势、印号，许多青年人来帮忙，除干活外，赛马成了习惯。就是几人在一起放牧或路上相逢也要跑几千米比比谁的骑术高，看看谁的马儿快。每当草原举行那达慕大会，近者方圆几十公里，远者上百公里以外的牧民，纷纷驱车乘马赶来聚会，参加披红扎彩的长距离赛马。蒙古族赛马是蒙古族传统体育娱乐活动之一。旧称赛马、射箭、摔跤为男子三项竞技。蒙古赛马比赛今多在那达慕大会时举行。届时在内蒙古大草原上，牧民驱车乘马赶来聚会，参加赛马活动。赛马场上，彩旗飘飘，鼓角长鸣，热闹非凡。

/ 搏克 /

搏克的历史发展和规则演变、大致经历了“最野蛮—野蛮—文明—现代文明”四个阶段。野蛮的氏族社会，人类为了生存，在与野兽和同类的搏斗中发展了搏克，当时以“生死”为取胜标准；第二阶段（13 世纪蒙古族兴起）和第三阶段（元朝建立），搏克运动开始用于政治、军事以及经济和文化娱乐，“双肩着地”或“躯干着地”即负；当代中国的搏克，随着人类社会的进步，胜负标准又发生了改变，膝关节以上任何部位“一点着地”即为负；也就是“点到为止”，胜方决不二次用力。

按照蒙古族的传统习惯，赛前要推选一位德高望重的长者主持编排，根据报名参赛选手的情况，少则编为 32 人或 64 人，多则编为 512 人或 1024 人，不能出现奇数。比赛采用单淘汰式一种，一跤分胜负，膝盖以上任何部位先着地者为败。

比赛不限时间，不分体重。摔跤手有专门的服装，蒙古语叫“卓德格”。上身为牛皮或帆布制成的紧身半袖背心，钉有银钉或钢钉；腰系红、蓝、黄三色绸子做成的围裙（蒙古语称“希力布格”）。下身穿用 5 米或 10 米的白布特制的肥大的摔跤裤，外面还要套上印有花色图案的套褥，这样出汗不沾衣服，且可以防止事故发生。脚穿蒙古靴或马靴。此外，脖子上还要套上五色绸条做成的项圈似的“章嘎”，“章嘎”标志取得的名次，得胜次数越多，彩条越多。赛手出场前要唱摔跤歌、跳鹰步舞。摔跤歌也叫出征歌，雄浑高亢，以壮行色。歌词大意是：“来吧，无畏的健将们，为了健康来摔跤吧。考验我们的意志，较量我们的力量的时候到了！”鹰步舞跳跃又高又愉，既是赛前的准备动作，也是壮声威之举。待裁判员发令后，双方先握手致敬，然后便开始交锋。

/ 草原搏克沁都仁扎那的故事 /

都仁扎那生长在乌珠穆沁草原一个普通牧民家里，父亲是远近闻名的搏克沁（蒙古式摔跤手）。

都仁扎那从小身体强壮，喜欢摔跤，在辽阔的草原上无忧无虑，自由自在的成长。当他 18 岁的时候已经是乌珠穆沁草原上远近闻名的搏克沁了。

一年夏天，科尔沁草原王爷庙举办大型的那达慕（草原运动会赛事有摔跤、赛马、射箭等男儿三项，也有一些歌舞表演及集市等），科尔沁草原王爷府邀请都仁扎那的父亲前来参加比赛，但是由于都仁扎那的父亲年事已高又恰逢身体欠佳，就让都仁扎那代表父亲前往科尔沁草原参加那达慕。

那达慕搏克比赛中，年仅十八岁的都仁扎那表现非常优异，接连摔倒几轮对手顺利进入决赛阶段，也就是冠军争夺赛，草原上的人们纷纷为这个年轻强壮的搏克沁欢呼，都仁扎那也是满满的信心。冠军争夺赛马上开始了，这也是搏克比赛最为精彩的环节，能进入冠军赛说明两个选手都非等闲之辈，两个强壮与技巧集于一身的搏克沁相遇，目光中透露着霸气，互不相让。但是都仁扎那心里清楚对方也非等闲之辈，他是王爷府手下的搏克沁，在科尔沁草原是一个远近闻名的搏克沁，据说力大如牛还没人摔倒过他，他是科尔沁草原的“跤王”。面对这样强大的对手，都仁扎那也是信心不减，因为他也相信自己有这样的实力摔倒对方。比赛开始了，经过一番较量，双方都已精疲力竭。王爷府的摔跤手已经知道自己无法战胜这个身体强壮、技巧娴熟的年轻人，随即想出了一个卑劣的主意，趁中场休息换上一双带刀刃的靴子。最后一轮比赛开始了，都仁扎那并没有留意王爷府的摔跤手有什么异常，只是专心的关注对方寻找机会将他摔倒，在两人对峙时王爷府的摔跤手突然踢向他，都冷扎那瞬间感到万箭穿心般的疼痛，他意识到这不是一般的伤痛应该是利器所伤，在他还没有从疼痛中回过神时，王爷府的摔跤手将其摔倒在地，摔断了他的肋骨，年轻的都仁扎那倒下了，他再也没能站起来，牧民们虽然看得清楚但是因为是王爷府的摔跤手，谁也不敢吭声。王爷府的摔跤手为了保护自己“跤王”荣誉，用卑劣的手段赢得了比赛，但是年仅 18 岁的都仁扎那却永远留在了牧民的心中。

为了纪念这个年仅十八岁，牧民心中真正的“跤王”，牧民们编写了一首歌曲《都仁扎那》，几百年来一直在草原上传唱至今。

《都仁扎那》

黑夜里从不出现的启明星哟
黎明时刻却闪闪发光
乌珠穆沁旗的都仁扎那
仿佛向跤场飞奔而来

镶嵌十两金子的跤服哟
在阳光下金光闪闪
十八岁的都仁扎那
仿佛抓起对手就能摔倒

/ 赛骆驼 /

素有“沙漠之舟”的骆驼，在古代蒙古民族的经济生活和军事行动中有着特殊的地位。据文献记载，当骆驼被驯化为交通工具时，赛骆驼也产生了。它同赛马一样为蒙古族传统体育项目。有骑骆驼赛跑和射击等，骑手不分男女，多在每年一度的蒙古族“那达慕”大会上举行。赛手们穿着蒙古族服装，骑在驼背上，骆驼飞跑起来如离弦之箭。获胜者常被人们抬起，并唱歌跳舞，以示敬佩。儿童参加的比赛，要专选两岁小骆驼，并备上五颜六色的绸缎驼鞍。

骆驼体型庞大魁梧，乘骑可日行百余里，奋蹄奔驰时可以跟飞奔的骏马相媲美，而且比马更有耐力。参赛骆驼是经过驯养和严格训练的，赛骆驼的赛程为 5 至 40 公里，以先到达终点为胜。

经过多年的发展，结合现代体育比赛方法，牧民们对赛骆驼项目进行了规范。如增加了快速跑圈赛，这样可以增强比赛的气氛。此外，还新增加了团体比赛和接力比赛项目，使比赛更富有趣味性。拥有多达 19 万峰骆驼的“骆驼之乡”内蒙古自治区阿拉善盟，在 1985 年就专门修建了跑道为 2000 米的椭圆形赛驼场，使得场地骆驼速度赛可以达到 1000 米、2000 米和 3000 米的不同形式，比赛规则基本同于赛马规则。每当赛骆驼比赛时，场上总是歌声、乐器声、欢呼声响成一片。尤其是老人们，他们展开洁白的哈达，捧着斟满奶酒的银碗为获胜的选手敬酒。

/ 蒙古族鹿棋 /

蒙古族鹿棋，蒙古语称“宝根・吉日格”，是传统的启智类游戏。棋子模拟狗和鹿的争斗过程。反映了蒙古族人民的聪明与智慧，在智慧类的民间游戏中有着很好的学术价值，对于研究蒙古族的历史、民俗、社会有着较高的借鉴作用。

/ 套马 /

蒙古族的套马活动，一般是在喜庆节日中表演或比赛，主要为两种形式。

第一种为挥杆套马。比赛中，青年骑手数人为一组，云集草原，各持一长约 3 米的竹竿。竹竿顶扎一绳环，环的大小以能套住马头为宜。先让一烈马疾奔，套马手们纵马飞驰，紧追不舍，到适当距离时即迅速挥杆将马套住。以先套住马头，拉住烈马者为胜。第二种是绳索套马。这一种形式原为放牧时约束马匹的一种手段，而作为一类比赛项目，首先要选一烈性难驯之马，先令其疾驰，参赛的成群骑手，手持打有活结的绳索，骑马紧追，到一定距离，抛出绳索套马，以先套准并能束住烈马者为胜。

/ 马术 /

作为草原民族，马与蒙古族的生活是紧密相连的。除了赛马，人们以马作为平台而进行的各种技巧活动，也成为蒙古族的一项民族体育项目，这就是马术。

蒙古族民间流行的马术运动，形式多样。人们在马上进行的不同形式的技巧表演，多是技艺惊险，紧张激烈，引人入胜。这些技巧形式若按项目来分，主要包括马上技巧、乘马斩劈、乘马射箭、超越障碍、赛马、驯马和马球等。

/ 蒙古象棋 /

蒙语称为“沙塔拉”。是自蒙古古代社会就流行的一种棋种。蒙古象棋的某些走法与国际象棋相同。但是又有自己的特色，如马无别足限制和不得最后将死对方的官长，官长和车之间一般不能易位，需易位时，先动官长向车走两格，

然后让车从官长上面跳过去，马或驼不能直接做杀，一般不允许吃光对方，要给对方留一子。它的棋盘是由颜色深浅交替排列的六十四个小方格组成的正方形，与国际象棋的棋盘一模一样。浅色的叫白格，深色的叫黑格，棋子也分白黑两种，共三十二个，双方各有一王、一帅、双车、双象、双马和八个小兵。不同的是，蒙古象棋把象刻成骆驼，把兵刻成猎狗的形象，增添了草原游牧生活的气氛和特色。在民间，玩蒙古象棋仍然是古波斯的走法，这也是国际象棋原来的走法。

发现问题

我想知道：

1. 蒙古族喜欢的体育赛事有哪些内容？
2. 那达慕是每年什么时间举行？
3. 蒙古族男儿三技有哪些呢？
4. 搏克比赛有哪些特点呢？
5. ____________________
6. ____________________

探索学习

组建探索小组 ____________________

确定探索内容 ____________________

制定探索方案 ____________________

分享汇总信息 ____________________

展示探索成果 ____________________

探索实践

实践内容 __________ 实践方法 __________

实践过程 __________ 实践结果 __________

建议与改进 __________

____

自我评价

自我评价 ______________________________

同学互评 ______________________________

教师评价 ______________________________

收获感受

我的收获与感受 ______________________________

拓展研究

下一步想研究的内容 ______________________________

____

综合实践课《历史与文化》课程评价表 （自我成长表）

姓名: 年级: 执教教师:

日 期	组 别	课堂纪律	学习态度	课堂表现	组内配合	收获与感受	同学评价	教师评价

备注:课堂纪律、学习态度、课堂表现、组内配合,均为自我评价部分。请根据自己真实的表现作出评价(优、良、中、差),并写出收获与感受:本节课学习过程中最大的收获是什么?请真实书写。

同学评价:请同学对你作出客观真实的评价与建议

教师评价:从课堂的整体表现给出评价(更多应体现鼓励、欣赏以调动学生之兴趣与参与活动的积极性)。

蒙古族传统体育

实践体验搏克文化（6 课时）

一 文化知识的准备（2 课时）

1. 自由分组，组建合作小组。
2. 讨论如何学习了解关于蒙古族的体育文化，如：（1）蒙古族男儿三项分别是哪几项？（2）搏克的比赛规则比较特殊，为什么？（3）蒙古族体育在蒙古民族历史发展中的重要性。
3. 组内分工，按各自分工去去收集查找关于蒙古族体育方面的知识。
4. 组内分享各自学习了解的知识，并将其组合串联成一个完整的知识结构，并指派一个同学将组内收集查找的学习资料整理装订，以便下节课实践及课后总结时使用。
5. 各小组派代表与全班同学分享本小组所学习了解的关于蒙古族体育文化方面的知识，并鼓励学生根据小组发言可提出自己的问题或质疑，发言方给予解答。
6. 教师给予补充和指导。
7. 各小组制定下节课实践体验搏克运动的方案（搏克运动是对抗运动为此提前做好热身或者其他准备）。

二 实践体验感受搏克体育项目（2 课时）

1. 准备工作

（1）各小组长组织同学们做好热身运动。　　（2）穿好搏克服。

2. 体验搏克文化

（1）外请的专业搏克老师讲述搏克运动的历史与发展。

（2）运动时注意事项：由于室外地面比较坚硬，为防止不必要的伤害要求同学们在互相摔跤时要注意力量，不要伤害到同学，我们只是体验感受这项体育运动的文化。

（3）在专业老师的指导与带领下开始体验搏克运动的魅力。从两个搏克手见面的礼仪，比赛的规则，比赛的方法、技巧等开始学习和了解，更多的是希望学生能感受到这项体育运动带给我们的启发。

3. 教师观察各小组同学的状态及表现，根据出现的问题及时给予帮助和指导。
4. 学生可以根据自己的状态参加运动，如中途有任何问题及时和老师或者搏克教练联系。

三 收获与感受（2 课时）

总结分享本单元的收获与感受。在研究探索过程中及专家讲座中有哪些收获。并书写成文字，由科代表收集、装订成册。

四 教师总结

根据各小组在实践中的表现给出本单元的评价。

行走世界——佛蒙特州牙买加汤姆家的聚会

探访了几家奶酪店和林兰格瑞学校，我们收获颇丰。明天我们将要告别汤姆和珍妮返回波士顿，为给我们饯行汤姆特意邀请他的学生和朋友为我们举办一个小型聚会。

老汤姆下午三点多开始着手准备聚会所需的食物，从冰箱里拿出两块面饼揉来揉去，说要做两种口味的披萨，一种是培根一种是蔬菜的，但也没见他弄其他的，之前听说过国外的聚会和国内不同，非常简单，但是也不能简单到就两个披萨吧，奇怪是奇怪，可是蹩脚的英语无法进行更多的交流只能静观其变了。晚上五点多汤姆把揉了一下午的面终于送进烤箱，珍妮开始摆放餐具，点燃蜡烛。客人也开始陆续到场，每个人都带来了一道菜，摆放在餐桌上，瞬间一顿丰盛的晚餐呈现在面前，我们非常惊奇，这时老汤姆鬼鬼地笑着说：“在他们这里有个不成文的习惯，参加家庭聚会的人都会做上拿手的一两个菜带过来，主办家庭主要负责主食就可以了。”其实汤姆早就看出我们的疑惑迟迟不告诉我们原来是想吊我们的胃口。

聚会开始了，老汤姆介绍了我们与大家认识，并致辞欢迎词，这也是我们第一次走进美国人的家庭，感受美式乡村文化，非常惬意温馨，虽说有着不同的文化与习俗但是那一刻并不觉得陌生与生疏，很多人说美国人太过粗犷没有欧洲人那么细腻与文雅，但是我觉得细腻与粗犷并不矛盾，有些场合需要粗犷，比如今晚由于大家的粗犷我们少了很多的拘谨与不适很快融入到其中，一起感受那浓浓的友谊，我们畅所欲言，分享着各自的想法及对各种事物的认识和理解。从世界文化谈到各自国家的文化，从人性谈到家庭、信仰，在那一刻是两个国家文化的一种碰撞，是不同文化背景下成长的思想的一种碰撞。

不经意间已经是深夜，大家还在畅谈，意犹未尽，但是老汤姆知道明天一早我们要启程返回波士顿，所以只能遗憾地宣布今天的聚会结束。这时大家才注意到时间已经是深夜 12 点，便在依依不舍中相互拥抱道别。

大家走后珍妮把我拉到她的工作室，让我带几件她的作品“瓷器绘画”，珍妮在福蒙特地区是非常有名的绘画专家，尤其是她创作的在瓷器上绘画更是有名气，由于路途遥远我选了三件比较小的作品，老汤姆找来硬纸片将这些瓷器一一包好，那一刻我又一次被感动，朋友间的友谊就该如此简单而温暖。

蒙古族礼仪习俗

蒙古族为中国少数民族中的主要民族之一，13 世纪初以成吉思汗为首的蒙古部统一了蒙古地区诸部，逐渐形成了一个新的民族共同体。“蒙古”也就由原来的部落名称变成为民族名称，其民族的风俗习惯具有鲜明的民族烙印。

蒙古民族是个注重礼仪的民族，见面要互致问候，对来客，不论是熟人还是陌生人，一见面总是热情问候：“他赛音百努（安好）。”随后主人把右手放在胸前，微微躬身，请客人进蒙古包，全家老少围着客人坐下，问长问短，好似自家。

蒙古族是一个非常注重礼节的民族，见面要互致问候，即便是陌生人也要问好。平辈、熟人相见，一般问：“赛拜努（你好）”。若是遇见长者或初次见面的人，则要问：“他赛拜努（您好）”。蒙古族自古以来从事狩猎和畜牧业，以性情直爽、热情好客著称。家中来客，不管常客还是陌生人，都满腔热忱。

首先献上香气沁人的奶茶，端出一盘盘洁白的奶皮、奶酪。饮过奶茶，主人会敬上醇美的奶酒，盛夏时节还会高兴地请客人喝马奶酒。有些地区用手抓肉招待客人时，还有一定的规矩。例如用一条琵琶骨肉配四条长肋骨肉进餐。牛肉则以一根脊椎骨肉配半节肋骨及一般肥肠敬客。姑娘出嫁前或是出嫁后回娘家都以羊胸脯肉相待，羊的小腿骨、下巴颏、脖子肉都是给晚辈和孩子吃的。接待尊贵的客人或是喜庆之日则摆全羊席。

/ 献哈达 /

也是蒙古族的一项高贵礼节。

献“哈达”的动作因人而异，一般来说，要用双手捧哈达，高举与肩平，然后再平伸向前，弯腰给对方，这时，哈达正与头顶平，这表示对对方尊敬和最大的祝福——吉祥如意。对方以恭敬的姿态用双手平接。对尊者、长辈献哈达时要双手举过头，身体略向前倾，将哈达捧到座前或足下；对平辈或下属，则可以互递交换哈达即可。

“哈达”在不同情况下代表着不同的意义。佳节之日，人们互献哈达，表示祝贺节日愉快，生活幸福；婚礼上呈献哈达，意味着祝愿新婚夫妇恩爱如山、白头偕老；迎宾时奉献哈达，表示一片虔诚、祈祷菩萨保佑；葬礼上献哈达，是表示对死者哀悼和对死者家属的安慰。

敬鼻烟壶

是蒙古族牧民的一种日常见面礼。鼻烟壶用玉石、象牙、水晶、玛瑙、翡翠、琥珀和陶瓷等制成。晚辈同长辈相见时，晚辈曲身鞠躬，双手捧着鼻烟壶，敬献长辈，长辈用左手接受，闻后归还。同辈相见时用右手相互交换鼻烟壶，双方闻后归还。

婚礼

蒙古族娶亲一般是在结婚喜日的前一天。新郎在欢乐的气氛中，穿上艳丽的蒙古长袍，腰扎彩带，头戴圆顶红缨帽，脚蹬高筒皮靴，佩带弓箭。伴郎、祝颂人，也穿上节日盛装。一同骑上马，携带彩车和礼品，前往女家娶亲。娶亲者至女家，先绕蒙古包一周，并向女家敬献一只“碰门羊”和其他的礼物。然后，新郎和伴郎手捧哈达、美酒，向新娘的父母、长亲逐一敬酒，行跪拜礼。礼毕，娶亲者入席就餐。晚上，又摆设羊五叉宴席，并举行求名问庚的传统仪式。次日清晨，娶亲者起程时，新娘由叔父或姑夫抱上彩车。新郎要骑马绕新娘乘坐的彩车三圈。然后，娶亲者和送亲者一同起程离去。

/ 鄂尔多斯婚礼 /

鄂尔多斯婚礼发源于古代蒙古，形成于蒙元时期。15 世纪，随着蒙古族鄂尔多斯部进入鄂尔多斯地区，祭祀成吉思汗的“八白室”安奉在鄂尔多斯境内的甘德尔敖包上，蒙古族的鄂尔多斯婚礼便以其特有的仪式程序流传在鄂尔多斯民间。

鄂尔多斯地区至今仍然比较完整地保留着鄂尔多斯婚礼的仪式程序，并使其发展演变成为一种礼仪化、规范化、风俗化和歌舞化的民俗文化现象。2006 年 5 月 20 日，鄂尔多斯婚礼经国务院批准列入第一批国家级非物质文化遗产名录。鄂尔多斯婚礼有哈达定亲、佩弓娶亲、拦门迎婿、献羊祝酒、求名问庚、卸羊脖子、分发出嫁、母亲祝福、抢帽子、圣火洗礼、跪拜公婆、掀开面纱、新娘敬茶，大小回门等一系列特定的仪式程序和活动内容。

一、定亲

父母为长大成人的儿子物色一位年龄、长相、针线、营生都般配的姑娘，作为儿子的配偶，姑娘一般在十七、十九这些奇数年龄成婚。一般是男方请媒人去女方那儿说亲。

说亲的第一步是先由媒人自己再寻找一个合适的人，一同携带两盘饼子（每盘有 8 个圆形面饼，上面放有奶食、红枣和糖）、一瓶白酒来到女方门上，请女方的父母品尝奶食，并向他们每人献上一条哈达，说明求婚的来意，而后给女方双亲敬酒；女家的欢宴上要详细介绍男家特别是女婿的情况，提出求婚的愿望。待女方父母的同意以及姑娘点头同意后，才算达到了求婚的目的，这叫小定。第二步是大定，主要是商定聘礼的数量和结婚的日期等事宜。除第一次说媒的两个人外，还有女婿和一位近亲共四人，再选择吉日，带着哈达、一只绵羊背子、两盘饼子、一瓶白酒等礼物来到女方家。献哈达，将饼子和羊背子摆在桌子上表示送来了定亲的礼物。聘礼通常称为“穿戴”，“一九”“二九”之说，“一九”主要包括砖茶、大布、帽缨、腰带、大畜，还有给女方父母的贴杆马、银钱、给姑娘的礼袍等。有时大定也可以简化程序或者跟婚礼一起举行。

大定之后，选择一个吉年吉日，围绕八卦举行一个“开婚”的仪式，同时商定迎亲、挽头的具体时辰，双方这时就要向亲朋邻友发出婚宴的邀请了。

二、婚礼

三、男到女家娶亲

男方要设一座披红挂绿的蒙古包，作为新房，迎亲队伍都要穿着鲜艳的蒙古袍。新娘则在自己家的蒙古包内梳洗打扮，迎接新郎的到来。迎亲的队伍在傍晚时分出发。新郎身着红绸长袍，腰束金黄宽带，脚蹬高筒马靴，由领头人、祝颂人陪同，来到蒙古包前的玛尼哄旗杆下，由祝颂人领头，在场的宾客和颂，唱迎亲歌之后，迎亲的队伍扬鞭策马向新娘家驰去。迎亲的队伍一般要在新娘所在的浩特先骑马绕跑一圈后在新娘的蒙古包前下马，欢聚在新娘家的亲友便迎上来，寒暄之间，迎亲的祝颂人还没来得及下马，他手捧的哈达就给新娘家的一位厨师用火棍接过去。这时，新娘的亲友们包围成一个半月形圈子，做出拒娶的样子，还用一条丝带将迎亲者挡住，这叫“彩带槅门”。在祝颂与伴娘一唱一答，伴娘才收起彩带，放迎亲者进包。进包后，祝颂人拿起送给新娘的首饰和衣物，请女方的父母亲友过目，并献上奶酒和全羊。之后，新娘家举行盛宴，招待迎亲的人。蒙古包内，男女老少围坐在一堂，杯盏交错，歌声不绝，直到深夜。当年长的客人走后，一位少女会端上一盘羊颈骨，要新郎从中掰断。为戏弄新郎，伴娘往往将一根筷子插进羊颈骨，当新郎识破伎俩，终于把羊颈骨掰断时，他要当众与新娘分着吃，以示全心全意的爱情像绵羊颈骨那般紧紧相扣。

第二天，新娘要离开娘家时，往往泪如雨下，似乎很伤心。其实这是鄂尔多斯婚礼中的“哭嫁”习俗。这时，祝颂人领新郎“抢亲”。陪亲的姑娘将新娘保护起来。男方好言相劝不成，便挤进人群中“抢”新娘，场面十分热闹。最后，自然还是“抢亲”的获胜了。

于是，送亲的人们唱起送亲歌，歌声中伴娘用红纱为新娘蒙上，于是，新娘和亲人们依依惜别，然后上马绕自家蒙古包一周，鞭策马向新郎家驰去。一路上，双方亲友相互追逐嬉戏，看谁抢先到达，最后，往往是男方抢先到家。新娘下马后，先在蒙古包的前的玛尼哄旗杆下举行“跳火”仪式，取兴旺之意。新娘进入蒙古包，祝颂人要向新郎的父母发问，新媳妇蒙头盖脸，不能见人露面，回答后，婆婆揭开儿媳妇的蒙头纱，然后赠送礼品，并给新娘起新的名字。接着，全羊席开始，持续到明天。次日清晨，新婚夫妇举行送客宴席。送亲的众人都要畅饮三杯，然后方催马扬鞭，踏上归程。

/ 禁忌礼节 /

火忌 蒙古族崇拜火，认为火神或灶神是驱妖辟邪的圣洁物，所以人们进入蒙古包后，禁忌在火炉上烤脚，更不许在火炉旁烤湿靴子和鞋子，不得跨越炉灶或脚蹬炉灶，不得在炉灶上磕烟袋、摔东西、扔脏物。不能用刀子挑火、将刀子插入火中，或用刀子从锅中取肉。

忌蹬门槛 是蒙古族禁忌之一。到牧民家做客，出入蒙古包时，绝不许踩蹬门槛。农区、半农半牧区的蒙古族也有此禁忌。在古代，如果有人误踏蒙古可汗宫帐的门槛，即被处死。这种禁忌习俗，一直延续至今。

水忌 也是蒙古族禁忌之一。蒙古人认为水是纯洁的神灵。忌讳在河流中洗脏衣服或向河流中扔脏物。这由于草原干旱缺水，牧民逐水草放牧，无水则无法生存。所以牧民习惯节约用水，注意保持水的清洁，并视水为生命之源。

忌摸头 忌别人打狗、忌产妇住处外人进入探访。病忌，牧民家里有重病或病危的人时，一般在蒙古包左侧挂一根绳子，并将绳子的一端埋在东侧，说明家里有重患者，不待客。

/ 宗教 /

蒙古族早期信仰萨满教，元代以后普遍信仰喇嘛教。成吉思汗建立蒙古汗国以前，蒙古地区占支配地位的宗教是萨满教。

萨满教是蒙古族古老的原始宗教。萨满教崇拜多种自然神灵和祖先神灵。成吉思汗信奉萨满教，崇拜“长生天”。直到元朝，萨满教在蒙古社会占统治地位，在蒙古皇族、王公贵族和民间中仍有重要影响。皇室祭祖、祭太庙、皇帝驾幸上都时，都由萨满教主持祭祀。

成吉思汗和他的继承者对各种宗教采取了兼容并蓄的政策。流行的宗教有佛教、道教、伊斯兰教、基督教、萨满教等。国师八思巴曾向忽必烈及其王后、王子等多人灌顶。佛教取代了萨满教在宫廷里的地位。

16 世纪下半叶，蒙古土默特部阿拉坦汗（俺答汗）迎进了宗喀巴的藏传佛教格鲁派。1578 年阿拉坦汗和达赖三世索南嘉措在青海仰华寺会面，召开法会，举行了入教仪式。在法会上索南嘉措被阿拉坦汗封为“圣识一切瓦齐尔达喇达赖喇嘛”，达赖喇嘛称号由此产生。但萨满教在东部地区以祭祀、占卜、治病活动形式不同程度地幸存了下来。

发现问题

为什么见到客人要献上哈达呢？

蒙古人有很多的风俗礼仪，你知道有哪些呢？

你知道蒙古人敬酒礼仪有哪些吗？

他们是如何接待客人的呢？

学几句最常用的问候语

我想知道：

1. 哈达有几种颜色？各代表什么意思？
2. 蒙古族有哪些风俗习惯？
3. 蒙古族有哪些待客礼仪？
4. 蒙古族有哪些禁忌？
5. ______________________________
6. ______________________________

探索 学习

组建探索小组 ______________________________

确定探索内容 ______________________________

制定探索方案 ______________________________

分享汇总信息 ______________________________

展示探索成果 ______________________________

探索 实践

实践内容 ______________ 实践方法 ______________

实践过程 ______________ 实践结果 ______________

建议与改进 ______________

____

自我评价

自我评价 ______________________________

同学互评 ______________________________

教师评价 ______________________________

收获感受

我的收获与感受 ______________________________

拓展研究

下一步想研究的内容 ______________________________

____

综合实践课《历史与文化》课程评价表 （自我成长表）

姓名：　　　　　　年级：　　　　　　执教教师：

日期	组别	课堂纪律	学习态度	课堂表现	组内配合	收获与感受	同学评价	教师评价

备注：课堂纪律、学习态度、课堂表现、组内配合，均为自我评价部分。请根据自己真实的表现作出评价（优、良、中、差），并写出收获与感受：本节课学习过程中最大的收获是什么？请真实书写。

同学评价：请同学对你作出客观真实的评价与建议

教师评价：从课堂的整体表现给出评价（更多应体现鼓励、欣赏以调动学生之兴趣与参与活动的积极性）。

蒙古族礼仪习俗与禁忌文化

探索蒙古族礼仪习俗与禁忌（7课时）

一 文化知识的准备（2课时）

1. 自由分组，组建合作小组。
2. 讨论如何学习了解关于蒙古民族的礼仪习俗及禁忌文化，蒙古民族是一个非常注重礼仪的民族，在千百年的演变中蒙古族形成了自己独特的风俗、礼仪及禁忌习惯，比如接人待物，婚丧嫁娶，甚至洗衣洗澡都有严格的规定，不能在河里洗澡，不能往河里扔污物等等，这些都被成吉思汗列入《大扎撒》里，那为什么他们会有这么多的习惯与禁忌？除了这些还有哪些风俗习惯与禁忌呢？为什么？
3. 组内分工，按各自分工去去收集查找关于蒙古族礼仪习俗禁忌方面的内容。
4. 组内分享各自学习了解的知识，并将其组合串联成一个完整的知识结构，并指派一个同学将组内收集查找的学习资料整理装订，以便下节课展示及课后总结需要。
5. 各小组派代表与全班同学分享自己小组所学习了解的关于蒙古族礼仪习俗及禁忌文化方面的知识，并鼓励学生根据小组发言可提出自己的问题或质疑，发言方给予解答。
6. 教师给予补充和指导。
7. 要求各小组根据自己学习了解的蒙古族礼仪习俗及禁忌文化的内容制定一个本小组的展示活动方案（用自己擅长的方式将所学的内容展示给大家，这也是一种学习和交流的方式）。
8. 分配任务，每个同学按各自的任务去准备。

二 实践展示蒙古族礼仪与禁忌（2课时）

1. 各小组进行抽签，按抽签的顺序出场展示。
2. 其他小组认真观看并及记录展示结束后给予评价。
3. 教师观看各小组展示表演，根据小组的展示表演内容、形式、组内成员的配合合作等及时进行记录，以便为小组打分提供依据。

三 专家进课堂（1课时）

1. 专家与学生互动展示蒙古民族的各种礼节、习惯。
2. 讨论 （1）这些礼节习俗与自己所了解的有哪些不同？
（2）从这些了解到的礼仪习俗与禁忌中，你对蒙古族有了哪些新的了解？你认为他们是一个怎样的民族？

四 收获与感受（2课时）

总结分享本单元的收获与感受。在研究探索过程中及专家讲座中有哪些收获。并书写成文字，由科代表收集、装订成册。

五 教师总结

根据各小组在实践中的表现给出本单元的评价。

哈达 文化

/行走世界——探访联合国总部/

2015 年 2 月 7 日在朋友巴赫的陪同下我们如约来到位于美国纽约第五大道的联合国总部，约见 2015 年第 69 届联合国轮值主席 Denis Antoine，受内蒙古北方少数民族文献馆的委托，接洽关于 10 月在联合国展出成吉思汗书籍的事宜。

虽说已经是二月但依然感受到纽约的阵阵寒意，和寒冷天气一样印象深刻的是纽约停车位的紧缺与昂贵。我们在第五大道第四大道上绕了近一个小时勉强找到一个停车位，朋友告诉我们这里的停车费用与其他消费相比可以用“昂贵”来形容，每小时 10 美元的价位，对于习惯于低价消费的美国人来讲的确不低。

临近十一点接到轮值主席 Denis Antoine 秘书的电话，让我们到联合国大厦安检处等她，我们需要很多的手续与安检方能进入联合国大厦。近半个小时后，我们顺利通过安检进入联合国总部，在秘书的引领下见到了轮值主席 Denis Antoine。

Denis Antoine 主席是加勒比海岛国人，他知道我们是来自中国内蒙古的蒙古人后非常热情地接待了我们。他告诉我们他来过中国，喜欢中国，他也知道成吉思汗是一个了不起的蒙古人，是他打通了欧洲与世界的交流，改变了世界版图，他也愿意促成展书的事宜。他还说在联合国已经有几年的工作经历，这些工作非常的伟大，可以通过他们的努力让更多的国家和人民有一个公平公正交流对话的平台，用温和的途径解决一些问题和矛盾，尽可能地给世界带来和平与安宁。他还带领我们参观了联合国内部、联合国会议中心、各个国家国旗展厅等等，当我们从 193 个国家的国旗中找到中国国旗并掀起五星红旗的那一刻时，欣喜与自豪无法用语言表达。

Denis Antoine 主席邀请我们在联合国内部餐厅进餐，真让我们受宠若惊，但古话说得好：恭敬不如从命，这样想着我们便欣然接受了。也顺便见识一下联合国的餐厅到底是怎样的。在 Denis Antoine 主席与秘书的陪同下我们走进餐厅，如果说奢华似乎有些夸张，但是从灯光、餐具及整个环境、氛围处处感受到的就是一种低调的奢华。还好在国内也经常光顾西餐餐厅，对于礼仪还是多少了解一些，为此可以轻松应对。再加上大使本身很随和，进餐氛围非常愉快。当我们把北方少数民族协会主席巴拉吉尼玛老师写的一本《成吉思汗世界之最》送给大使时他非常高兴，他说他已经收藏了十几本关于成吉思汗的书籍，这对他来讲是非常珍贵的礼物。

我们顺利完成了自己的使命，此次美国之行收获颇多。

蒙古族医学

蒙医学是中国传统医学的重要组成部分。蒙医学在形成过程中，是以本民族的医疗实践为基础，吸收了藏医学的基本理论，结合当地民间疗法和汉地中医知识所形成的具有鲜明民族特色和地域特点的医学科学。其历史悠久，内容丰富，是蒙古族人民同疾病做斗争的经验总结和智慧结晶，在诊治疾病中具有药量少、疗效好、经济简便等特点。

蒙医以“赫依”“希拉”“巴达干”三根的关系来解释人体的生理、病理现象。所谓“赫依”，是指各种生理功能的动力。凡是思维、语言、动作及各脏器的功能活动，都受它支配。如果“赫依”功能失常，则会导致脏腑功能减弱，表现为神志异常、失眠、健忘等。“希拉”有火热之意。机体的体温、各组织器官的热能及精神的振奋等都是“希拉”在发挥作用。“希拉”偏盛，就会发生各种温热病，如口苦、吐酸、神情狂躁等表现。“巴达干”是指体内的一种黏液状物质，具有寒性的特征。“巴达干”的功能失调，除了表现为一般寒性征象外，还易导致水液的停滞不化而出现各种分泌物增多的现象。

医学著作如《四部甘露》《珊瑚验方》《蒙医金匮》《蒙医制剂和脉诊》《蒙药正典》等在医学理论、方剂、诊断和药物等方面都有较大影响。此外还译注了许多医学著作，如《蒙藏合璧医学》《脉决》《医学四部基本理论》《药五经》等。在兽医方面，蒙古族也有重要贡献。

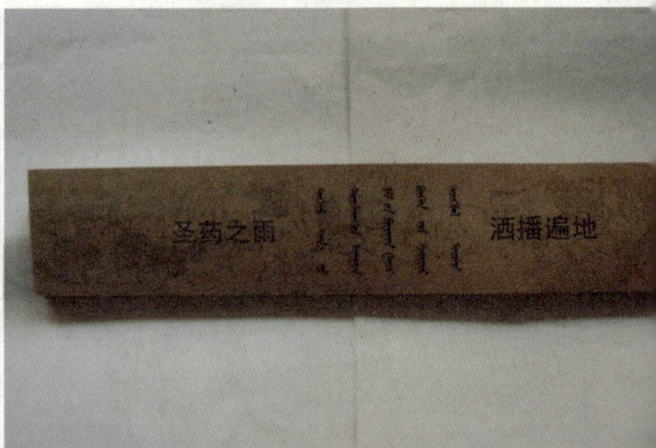

蒙古族医学家开始把自己的传统医学与汉、藏、印医学理论相结合，编写了大批著作。较出名的有占布拉著的《医法海鉴》一书，记述了蒙医治疗各种疾病的方法；松巴·堪布一伊舍巴拉吉尔的《甘露滴珠》《甘露医理》《甘露诊疗》《甘露临证鉴别诊疗集》《识药晶鉴》是一整套蒙医药著作；还有洛布桑·索勒日哈木的《脉诀概要》《巴莎木制药法》《药物识别》；占布拉道尔吉的《蒙药正典》；罗布桑·全普乐的《实用蒙医药学》等等。正骨是蒙医、学特长之一，这与蒙古族骑猎生活有关。蒙医史上有不少正骨名医，如清代的觉罗·伊桑阿，纠正四肢关节脱臼和骨折，常能手到病除。他还采用冰冻麻醉法，切开整复粉碎骨折，用桑白线缝合。他还教授了不少弟子，为蒙医学做出很大贡献。

1949 年以后，蒙医药事业有了新的发展。在广大牧区和农区，普遍建立了蒙医医院，自治区和部分盟市先后建立了蒙医药科研机构，自治区还建立了培养蒙医的高等院校，使蒙医学获得了新生。

/蒙医特色疗法/

放血疗法 在一定的部位，将静脉切开或穿破，进行放血，借以引出病血，达到治疗和预防疾病的目的。放血疗法多适用于由血、“希拉”引起的热性疾病，如伤热扩散、骚热、疫热、疖肿、疮疡、痛风、结核病等热症。放血法分术前准备、正式放血两个步骤。

拔罐穿刺法 此法是拔罐与放血结合的外治法：先固定某一部位进行拔罐，取罐后在隆起部位用三棱针或皮肤针浅刺几下，再行拔罐，吸出恶血与黄水，而达到改善气血运行，治疗疾病的目的。本法多选择肌肉丰满、富有弹性、没有毛发和骨骼凹凸的部位进行。其特点是见效快，疗程短，简便易行，病人无痛苦，没有危险性。

灸疗术 是用灸草柱或灸草条在体表一定的穴位上烧灼、熏熨的一种疗法。灸疗术分蒙古灸、白山蓟灸、西河柳灸、温针灸。

酸马奶疗法 是蒙古民族的一种传统的饮食疗法。具有强身、治疗各种疾病的功效，尤其对伤后休克、胸闷、心前区疼痛疗效显著。据研究，酸马奶中有多种有益于身体的有效成分，如糖、蛋白质、脂肪、维生素等，特别是维生素 C 含量较大，还有氨基酸、乳酸、酶、矿物质以及芳香性物质和微量元素。

蒙医正骨术 是历代正骨医学家们所积累的具有民族特色的治疗各类骨折与关节脱位、软组织损伤等一系列病症的疗法。蒙医正骨术分整复固定、按摩、药浴治疗、护理和功能锻炼等 6 个步骤进行，有解毒、舒筋和活血的作用。

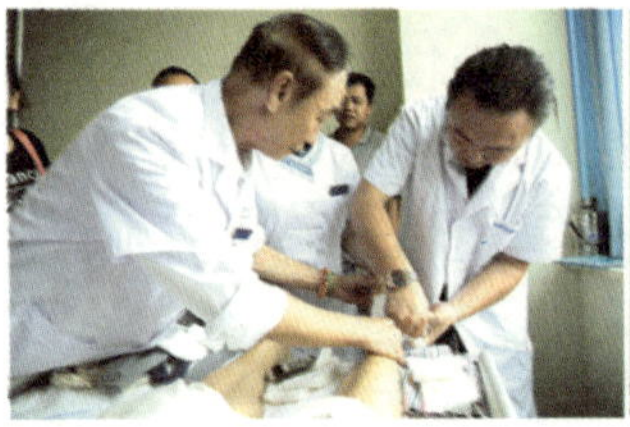

包金山蒙医整骨

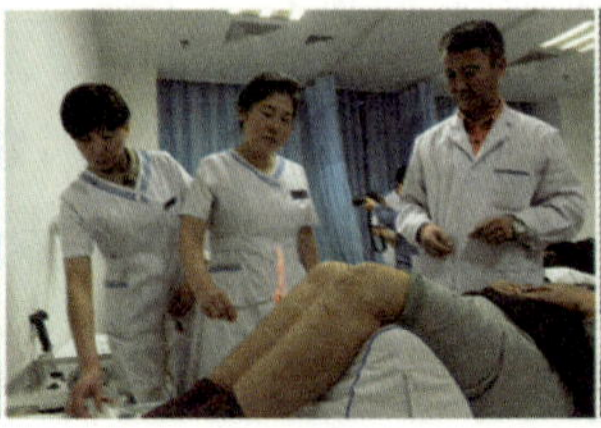

蒙医温针疗法

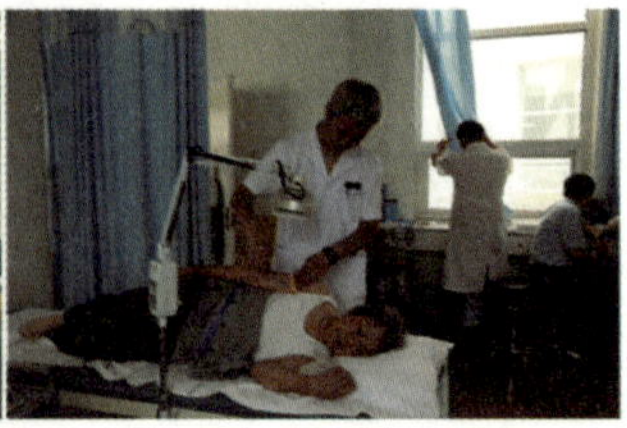

蒙医火针

震脑术 是蒙古族民间广为流传具有悠久历史的一种专治脑震荡的奇特疗法，具有取材容易，便于掌握，用之有效等特点。蒙医治病的常用药物蒙医治疗脑震荡的三个方法：

木臼法 备一木臼，以百会穴为中心把木臼扣在患者头上，臼口垫以柔软厚布压垫，使之紧贴于头皮。然后用小木棒敲打臼底，以 3 次为 1 拍，共敲打 21 拍。

敲击法 令患者仰卧，贴脚底放一小块木板，在木板上进行敲打，此法亦能使被震动之脑恢复。对此法不适应者，如患有严重高血压病者，可采用绷带紧拉法。术者用一手固定患者头部，一手从骨缝松动侧开始用力牵拉包绕头部之绷带两头 7 次，其他几侧亦依同法牵拉。术后每日在头顶部喷洒白酒进行按压、蹭摩。

棒击法 让患者端坐椅上，助手用双手固定患者头部，术前用宽绷带沿耳上方包绕其头部，把绷带之两头接在疼痛一侧，右手拿木棒，距头部一寸处用力打击布头 3 次。继而在头部其他几侧依同法各打击 3 次。如无木棒亦可用手掌小指侧代替。然后用两手掌从头部之外沿往里抖拢挤摩，从头顶部抖动按压，用五指从前额开始往上边掐边搔数次。以上手法结束之后，把用黄油煎过的山羊羔毛敷于头上，再用粗白布包缠保持 3 周。

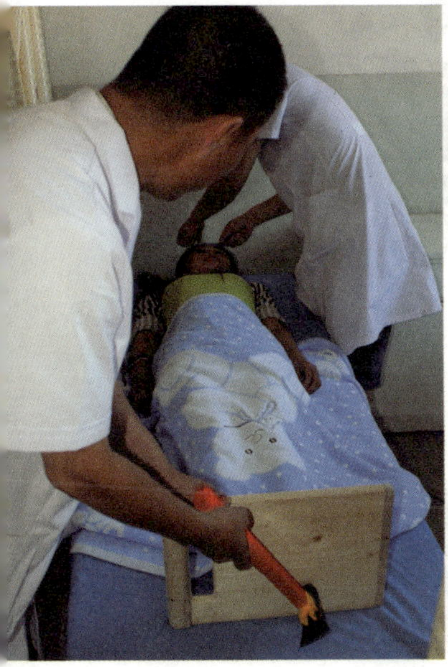
震荡疗法

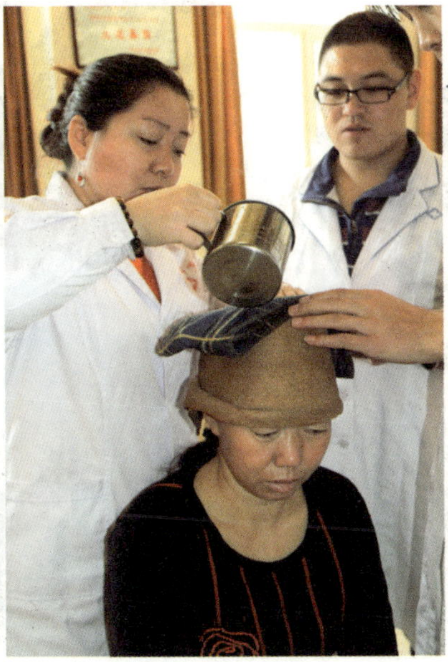
震荡疗法

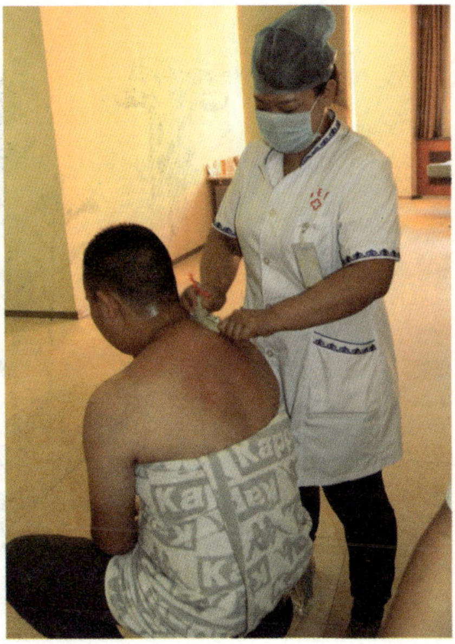
蒙医羊下颌骨刮痧疗法

/ 蒙药 /

内蒙古蒙药最具有民族鲜明特色的药用种类有：森登（文冠木）、乌和日—西鲁斯（蒙古山萝卜）、阿拉坦花—其其格（金莲花）、昂给鲁莫斯—毕日阳古（香青兰）、敏吉一茵一苏日（紫筒草）、巴嘎—塔日奴（瑞香狼毒）、嘎顺—包日其格（苦豆子）、楼格莫日（糙苏）、汗达盖—合勒（肾叶橐吾）、敖朗黑布（绶草）等。 蒙药材中，用的最多的是麝香、丁香、荜茇、豆蔻、香青兰、马钱子、水银和草乌等；一般如果配伍中用到草乌，多数都配诃子（阿如勒）。

草乌

香青兰

金莲花

麝香

联合国南北对话高端论坛会议上，乌兰作了题目为“蒙医药在城乡居民健康中发挥的作用和角色”的交流发言。

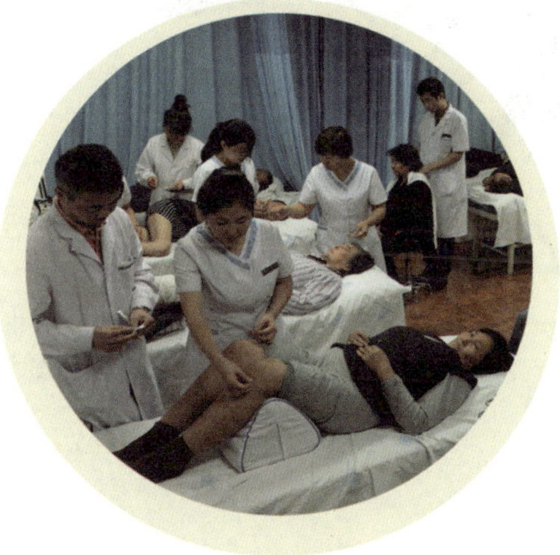

乌兰 20 年前创办的蒙医五疗科被评为国家临床重点专科、国家中医药管理局重点研究室及自治区领先学科。

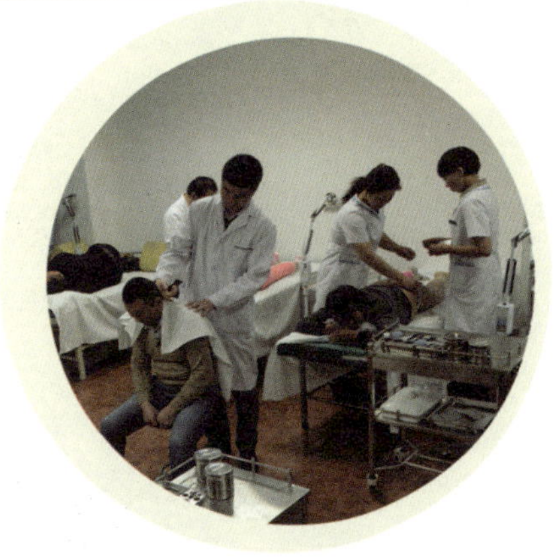

哈斯巴根主任义诊

发现问题

我想知道：

1. 蒙医有哪些治疗方法？
2. 你了解蒙医吗？
3. 他对中国医学的贡献？
4. ______
5. ______
6. ______

探索 学习

组建探索小组 ____________________

确定探索内容 ____________________

制定探索方案 ____________________

分享汇总信息 ____________________

展示探索成果 ____________________

探索 实践

实践内容 __________ 实践方法 __________

实践过程 __________ 实践结果 __________

建议与改进 __________

____

自我评价

自我评价 ______________________________

同学互评 ______________________________

教师评价 ______________________________

收获感受

我的收获与感受 ______________________________

拓展研究

下一步想研究的内容 ______________________________

____

综合实践课《历史与文化》课程评价表 （自我成长表）

姓名:　　　　　　　　年级:　　　　　　　　执教教师:

日 期	组 别	课堂纪律	学习态度	课堂表现	组内配合	收获与感受	同学评价	教师评价

备注:课堂纪律、学习态度、课堂表现、组内配合,均为自我评价部分。请根据自己真实的表现作出评价(优、良、中、差),并写出收获与感受:本节课学习过程中最大的收获是什么?请真实书写。

同学评价:请同学对你作出客观真实的评价与建议

教师评价:从课堂的整体表现给出评价(更多应体现鼓励、欣赏以调动学生之兴趣与参与活动的积极性)。

蒙古族医学

探索蒙古族医学医疗的发展过程（6课时）

一 文化知识的准备（2课时）

1. 自由分组，组建合作小组。
2. 讨论如何学习了解关于蒙古民族的医学内容。蒙古民族长期生活在自然环境、气候比较恶劣的地方，以放牧为主的生活使他们不断地游走，这种特殊的生产生活方式会给他们带来很多的疾病和伤痛。为了能适应这样的自然环境与生存条件，蒙古民族在长期的生活中总结积累了有自己风格特色的医疗医学，并结合藏、汉医学，使自己的医疗技术得到更好的改进和发展，如奇特的正骨、以震治震的震脑术、以食治病的酸奶疗法等等。这些奇特的治疗方法是如何发明创造的？还有哪些奇特的疗法？蒙药的原材料也是与众不同，不同在哪里？
3. 组内分工，按各自分工去收集查找关于蒙古族十大科学家方面的内容。
4. 组内分享各自学习了解的知识，并将其组合串联成一个完整的知识结构，并指派一个同学将组内收集查找的学习资料整理装订，以便下节课展示及课后总结需要。
5. 各小组派代表与全班同学分享本小组所学习了解的关于蒙古族医学文化方面的知识，并鼓励学生根据小组发言可提出自己的问题或质疑，发言方给予解答。
6. 教师给予补充和指导。
7. 小组将感兴趣或困惑的问题列出，在下节课向专家提出。

二 专家进课堂（2课时）

1. 专家与学生互动，让学生更深入地了解蒙古民族医学医药的发展过程及现状，了解蒙医蒙药的特点及那些奇特的治疗方法。
2. 思考：蒙医蒙药，无论是治疗方法还是药材都是与众不同的，他们是如何发明创造了这些奇特的医疗医学？

三 收获与感受（2课时）

总结分享本单元的收获与感受。在研究探索过程中及专家讲座中有哪些收获，并书写成文字，由科代表收集、装订成册。

四 教师总结

根据各小组在实践中的表现给出本单元的评价。

蒙医

/行走世界——美国马里兰州蒙古族聚会/

2016年12月底我们正在波士顿探亲，朋友得知我们到美国后邀请我们到马里兰州参加那里蒙古族同胞迎接新年的聚会。

前往马里兰州参加聚会对我们很有吸引力。心里一直想知道他们是怎样迎接新年的。按照朋友给出的计划我们从波士顿唐人街坐大巴到纽约唐人街，他在那里接应我们，然后开车到马里兰州。对语言不通的我们来讲这是个好事，不需要再为无法交流而担心，不需要因为陌生而感到害怕。唐人街，那一刻我明白了对华人来讲意味着什么。

顺利到达了纽约唐人街，和波士顿唐人街不同的是这里多了些许喧闹。熟悉的街景，熟悉的面孔，从街面上驶过的车上招贴的广告都是中文，那一刻仿佛自己还在国内的某个地方。朋友如约来接到了我们，晚上则是住在了他们新泽西的家中。第二天一早我们驱车赶往马里兰州，行驶了五六个小时到达了离华盛顿二十多公里外的一片别墅区，这就是我们要去的目的地——克里克。

别墅门口挂着大大的新年花环，门廊上到处是布满彩灯，从外面已经感受到浓厚的节日气氛。按响门铃，开门的是一个十岁左右的小男孩，他是蒙古族男孩，因为在他的脸上看到了蒙古人的特征，这就是基因的强大之处，我们和这家的人依次见面，相互拥抱问候，相互介绍，这时才发现这家的主人竟然是多年没有联系的同学，世界的确不大，没想到在异国他乡竟然可以遇到自己的同学。在主人的引领下我们走进会客厅落座，一个非常美式但是处处又体现着蒙古族文化的客厅。有西式的壁炉，但是壁炉的旁边摆放着一把马头琴，门厅的桌子上摆放着蒙古刀与装饰马鞍，上面还画着一匹气势恢宏的马，走进书房看到墙上挂着圣祖成吉思汗及历代蒙古族帝王像，书架中摆放着很多蒙古族装饰品，这时主人招呼我们喝茶，热气腾腾的奶茶、奶食品、手把肉摆放在西式的餐桌上，那一刻的感动无以言表，就如歌中所唱：“洋装虽然穿在身，我心依然中国心。”

天色渐渐暗下来，离我们参加聚会的时间越来越近，经过一下午的聊天我们已经少了许多生疏，男士们继续喝茶聊天，女士们在女主人的带领下开始准备聚会上的餐食蒙古包子。据女主人讲这里的聚会所用的餐食需要参加聚会的家庭共同准备，每家准备自己拿手的食物就可以，由于人多很快就准备就绪，剩余时间女士们开始穿衣打扮。临近晚上八点我们开始出发前往承办本次聚会的朋友家。到达后看到至少有七八十个人从美国四面八方赶来参加聚会的朋友，大概用了二十分钟大家才相互介绍完毕，这是我们第一次参加这么大规模的家庭聚会，有些震撼。在攀谈中了解到很多朋友都是来自呼和浩特，有毕业于内蒙古大学和内蒙古师范大学的，还有一些曾经就读于蒙古族学校的，都是毕业后到美国工作的。这一下大家又拉近了距离，一起回忆上学时的种种事情，气氛也变得非常的活跃。主人将一大盘手把肉端上餐桌，加上各家带来的食物，种类非常丰富。

主人致辞后，大家举杯聚会正式开始。大碗喝酒大块吃肉是蒙古民族的一大饮食惯，即使到了这么遥远的国度这些习惯依然没有改变。大家攀谈着，交流着，喝着酒，唱着歌，一首一首唱的是故乡的歌，一杯一杯喝的是故乡的酒，一点一点加深的是故乡的情，当新年的钟声敲响之际，大家相互拥抱着送出自己最美好的祝福和祝愿，同时也没有忘记把这美好的祝福送给祖国的亲人们，一个温馨而又特别，一个即西式又传统的聚会就这样在温馨融洽的氛围中进行着……

蒙古族文化艺术

蒙古族文化艺术深远独特且历史悠久，无论是歌舞还是手工艺作品，无不体现着蒙古族独特的民族特色。经过多年的传承很多民间艺术被人们熟知，并广泛流传。

/ 蒙古族美术文化 /

蒙古族的美术文化主要表现在雕塑、雕刻、绘画和图案等艺术形式。蒙古族的美术文化有着独特的民族特色和美学观念，具有鲜明的民族性、地区性和多元性。

蒙古族图案艺术

蒙古族人民生活中的衣、食、住、行、用，比如各种用具，木箱、铜壶、银碗、桌子、马鞍、驼鞍等，生活中的任何一件东西都或多或少和图案有着密切的联系。

图案一词，蒙古语统称为“贺乌嘎拉吉”。因为盘羊的犄角卷曲好看，所以一般类似犄角形卷曲纹样称为“乌嘎拉吉”，而其他类型纹样称为“贺”，随着日用工艺品和图案艺术的发展，人们把一切器物的造型设计和各种纹样都称为图案了。所以图案，就是一切器物的造型和一切器物的装饰的平面设计图。

蒙古民族的生活是极为丰富的。作为反映生活、美化生活的图案艺术也是极为丰富的。从蒙古族图案看，美好的幻想，艺术夸张及生活的真实描写，是蒙古族图案的主要特征。在幻想和夸张中反映了广阔的现实生活，因而纹样奇异动人，具有浓厚的情趣。

蒙古族雕塑

蒙古族雕塑艺术是最能体现蒙古族特色和民族特征的艺术。

侯军 雕塑

蒙古族绘画

蒙古族美术从原始社会到青铜文化，从宗教美术，民间美术和辽代的草原画派到元明清时期以来的文人画等等，有着极其丰富的美术遗产。这是蒙古学中需要研究的很重要的一个部分。

成吉思汗组图

孙玉宝 画

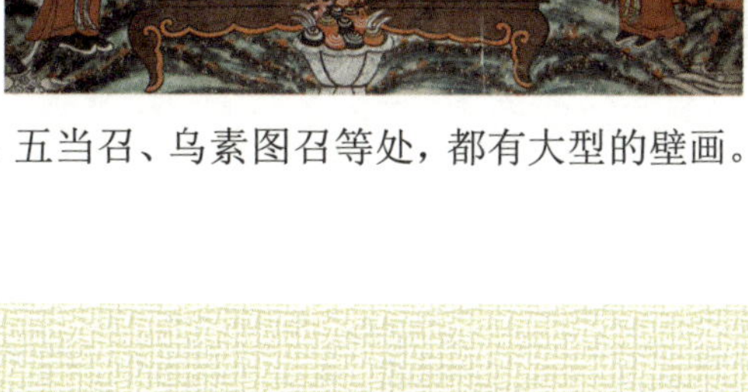

内蒙古美岱召壁画

蒙古族的绘画艺术还表现在壁画上。元代墓中，布满彩绘壁画。壁绘有男女主人对坐图，其身后有一男一女侍童，人物形体和装束明显有蒙古族特点；墓壁两侧绘有墓主人的生活图，背景中表现的是塞北自然风光。在蒙古的佛教寺庙中，也有很多壁画。如美岱召、大召、五当召、乌素图召等处，都有大型的壁画。

蒙古族民族工艺品

蒙古族人民勤劳智慧、心灵手巧，自古以来就善于就地取材，因材施艺，又能够根据本地区本民族的生活条件和风俗习惯创造出富有地方特色的民间工艺品。

古代蒙古人常常用羽毛作为装饰品，比如把羽毛插在姑姑冠帽上作为装饰。用桦树皮制作很多生活用品，如制成各种盒子。生活中的巴布尔木碗也是用本地产的木料制成的，用树根加工成各种笔筒、烟斗等实用品。

牧民们不仅自己制毡和不利阿耳皮，而且还能制成各种生活实用美术品。生活中的绣花毡，毡绣门帘，各种鞍鞴和鞍坐垫和鞍韂等等都是利用大自然赐予的各种原料，或利用边角废料制成了形式多样、花色繁多的实用美术品。

蒙古银碗

银碗不仅是蒙古族人民的生活用品，更是极富民族特色的传统艺术品。2013 年，银碗制作技艺被列入第四批自治区级非物质文化遗产保护名录。蒙古碗是用桦树根旋挖成型，再用银片包镶而成。银片与木碗严丝合缝，密不容针。碗托錾刻精细，花纹多施以“八宝”图案。

蒙古族烫毡画 是选取白色上等羊毛压制成毡，然后手工用烙铁在上面作画而成的。由羊毛毡子经熨烫加工而成的画面栩栩如生，内容多以草原风土人情为素材，生动地展示了蒙古族人民美丽的家园：天苍苍，野茫茫，风吹草低见牛羊！显得古朴而不失现代民族情调，是装饰家居的精品。

蒙古族皮画 皮画有着十分悠久的历史。皮画的起源可以追溯到游牧时代，以羊皮地图、简单的装饰画最为常见。蒙古皮画精选天然优质牛皮，经过特殊描绘、着色、层染、抛光、定形、浮雕凹凸压制等几十道工序纯手工制作而成。以独特的雕刻艺术于牛皮上雕刻图画，并用蒙古族独特的鲜艳油彩着色，使皮画具备立体感强，凹凸有致、栩栩如生、色彩柔和，画面细腻，永不褪色的优点。是极具收藏价值和欣赏价值的馈赠礼品和室内装饰品。

蒙古鼻烟壶

鼻烟，这个地道的舶来品，是把优质的烟草研磨成极细的粉末，并加入麝香等名贵药材，以其芬芳之气，借以提神醒脑，驱晦避疫。自 1492 年哥伦布发现了美洲大陆后，才使美洲的烟草逐渐流传至全世界。

在清代，鼻烟壶风靡一时，大约从乾隆初年开始，“料制鼻烟壶”兴盛，几乎官商所必备。鼻烟壶在蒙古地区也流行起来，朋友见面，第一件事互赠鼻烟壶，以示敬意。此习俗在内地虽然于民国以后渐衰，但在蒙古民族中仍盛行。特别是在鄂尔多斯地区，一直到二十世纪五六十年代，鼻烟壶仍是人们见面时的必备之物。

一直以来，玛瑙鼻烟壶的制作技术主要掌握在汉族工匠的手中，但是制作的鼻烟壶始终是以蒙古族的审美标准和文化习俗为依据，这就使得玛瑙鼻烟壶深深地打上了蒙古族文化的烙印。通过研究发现，玛瑙鼻烟壶是汉族的手工业制作技术与蒙古民俗相融合的产物，并且蒙古族在其使用鼻烟壶的过程中形成了特有的蒙古族鼻烟壶文化。而随着这种文化的形成和发展，又大大地促进了鼻烟壶制作技术的发展和提高。

在内蒙古鄂尔多斯有一种在牛的肩胛骨上的雕刻绘画作品，据悉，这种艺术正准备申报世界非物质文化遗产。

牛是大草原上最常见的动物，其肩胛骨大而平，并且相对坚硬不易受侵蚀损坏，是一块理想的画布。在牛肩胛骨上绘刻的人物、动物形态逼真、栩栩如生，草原民歌的词谱刻于牛骨之上更是巧夺天工。

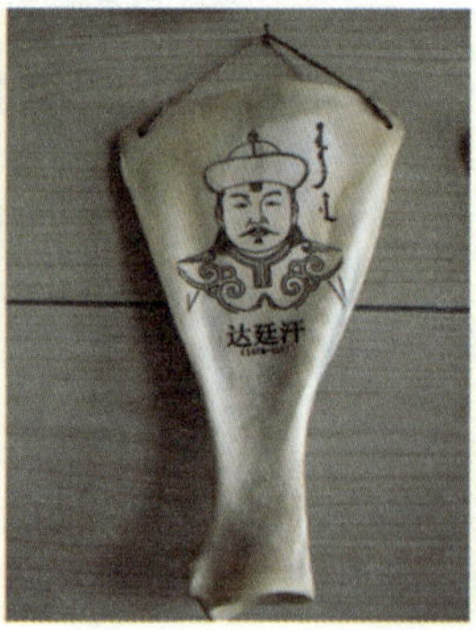

元青花

元朝为什么盛行青花瓷呢，首先是与蒙古民族有关，蒙古人尚白尚蓝，是受波斯文化的影响。波斯的工艺提倡繁缛，与宋的追求完全不一样。蒙古当时跟西域的关系密切，在13世纪初，由于成吉思汗异军突起，他和他的继承者多次征服了中亚、西亚，打通了中西文化交通的要道。大批阿拉伯人、波斯人和崇尚伊斯兰文化的突厥人涌入中国，其中包括工匠、天文学家、医学家等，带来了西域的文化。

元青花瓷开辟了由素瓷向彩瓷过渡的新时代，其风格富丽雄浑、花纹层次繁多。

从主题纹饰上看，元青花的主题纹饰大多是中国的传统纹饰，如牡丹、束莲、龙凤、麒麟、松竹梅等。其中松竹梅纹的画法颇受元代绘画的影响。从辅助纹饰上看，波浪纹、回纹、蕉叶纹等，大多出现在中国传统器物的装饰中。

自2005年7月，元代青花大罐“鬼谷子下山”于伦敦佳士得拍卖会上以1568.8万英镑（约合2.3亿元人民币）的价格成交，创出当时中国艺术品拍卖最高价，元青花便由寂静进入大众视野。

妥木斯 1932年生，内蒙古土默特左旗人，蒙古族。油画家、美术教育家。1958年毕业于中央美术学院油画系。1963年毕业于中央美院油画研究班。1983年被评为内蒙古师范大学美术系教授。1998年退休。因教育方面的成绩，于1989年被评为“内蒙古自治区优秀教师”；于1990年获“吴作人国际美术基金会”的美术教育奖；1990年起享受政府特殊津贴。

教学之余，进行油画创作，多年来探索研究油画的民族化与现代感。曾于1985年获全国第六届美展银牌奖；1987年获内蒙文艺创作特奖。同时也带动起一批青年画家共同促进“草原画派”的形成，个人被认为“开创了内蒙古画派的先河，饮誉国内外”（《美术》1991.2）。

二十世纪八十年代曾两次赴欧洲访问及艺术考察，九十年代初赴苏联办个展，考察艺术。曾任国家教委艺术教育委员会委员、内蒙古文联副主席、内蒙古美术家协会主席。

现兼任中国美术家协会理事；中国美协油画艺术委员会副主任；中国油画学会常务理事；内蒙古美术家协会名誉主席；内蒙古油画艺术委员会主任。曾在国内举办过三次个人画展，国外举办过一次个人画展，作品在法国、美国、日本、苏联参加过展出，参加八十年代以来历次全国性大展，同时也是1984年以来历次全国大展中的油画评委。出版有《妥木斯油画选》、《妥木斯画集》、《妥木斯油画作品选》、《妥木斯油画技法》《妥木斯》等个人专集。作品被中国美术馆、中央美术学院、鲁迅美术学院收藏，也被我国及日本、法国、印尼、德国等有关人士收藏。

恩和 1961 年 7 月出生于中国内蒙古自治区鄂尔多斯，当代著名艺术家。曾同时考取了中央美术学院、中央戏剧学院。1986 年毕业于中央美术学院油画系。曾任中国民族美术促进会理事、美国海外艺术家协会理事，现任鄂尔多斯国际商会书画院副院长。油画作品曾获得世界华人艺术大赛金奖，同时荣获世界杰出华人艺术家称号，并载入《世界名人录》。

21 世纪后开始创作《骆驼》系列油画作品，填补了世界油画史上“骆驼”题材的空白，因此被誉为世界唯一的“骆驼王”2009 年开始创作《成吉思汗》 巨幅油画，历经 2 年完成了历史上唯一一幅中年时期的成吉思汗油画作品，为中国艺术史添上了重要的一笔。

2007 年为内蒙古鄂尔多斯市展旦召窝阔台绘制大型系列壁画。1993 年创作《饥饿的小鸟》荣获世界华人艺术大赛金奖。影视作品自编自导《展旦召》《六十棵榆树》。艺术指导《心跳墨脱》荣获华表奖，曾是中国最早情景喜剧《候车大厅》的主创人员之一。

王延青　蒙古族，1945 年出生，曾任内蒙古美术馆馆长、内蒙古美术家协会副主席。现任内蒙古草原油画院院长、内蒙古美术家协会名誉副主席、内蒙古油画艺术委员会副主任，中国美术家协会会员、中国油画学会理事、国家一级美术师，享受国务院政府特殊津贴。

1968 年毕业于内蒙古农牧学院。1982 年考入中央美术学院油画系第一届研修班，导师为靳尚谊、韦启美、李天祥、闻立鹏等中国著名教授。作品多次在全国重要美展展出、获奖。多件作品被中国美术馆、内蒙古美术馆收藏。作品多次在《人民日报》《美术》《中国油画》《中国连环画报》等全国报刊杂志上发表，在全国几大出版社出版的中国油画集中收入。同时，作品多次在美国、英国、日本、苏联、新加坡、马来西亚等国家及台湾、香港、澳门地区展出，并被当地美术馆、画廊和个人收藏。出版有《王延青油画作品集》《中国油画二十家——王延青》《王延青人体素描集》等。王延青的作品都以草原为主题，在绘画的形式和技巧上不断探索创新、精益求精，是内蒙古“草原画派”的创建者，组织者和代表画家之一。

2005 年，王延青主创绘制完成《蒙古历史油画长卷》在成吉思汗陵蒙古历史博物馆永久陈列。

希作

若希　蒙古族，内蒙古乌兰察布人。毕业于内蒙古师范大学美术系，现任中国美术家协会会员，内蒙古中国画家学会副会长，锡林郭勒盟文学艺术界联合会副、主席，锡林郭勒盟美术家协会主席，高级编辑，国家一级美术师。

若希擅长工笔画和连环画。其国画作品在表现形式上，力求将中国工笔画人物与蒙古民族传统艺术相结合，在线的运用上注重虚实疏密有致，强调动势和韵律感。他对草原牧人生活的熟悉和扎实的人物塑造型能力，使作品充溢着纯朴的草原生活气息，作品入选“首届全国少数民族美展”“第六届全国美展”“第十届全国美展”“第五届全国体育美展”“浩瀚草原——全国美展”等，并选送到意大利、法国、俄罗斯、蒙古、韩国、日本等国家和中国香港和台湾等地区展出。若希连环画创作主要以蒙古族历史及现实生活为题材，2004 年出版的大型绘画本《蒙古族通史》一千多幅画面展现了蒙古民族千余年来的风云历程，填补了自治区大型史书绘画本方面的空白。若希为自治区重大历史文化题材美术创作工程完成了巨幅工笔画《元上都》，以工笔重彩界画形式，采用散点透视的构图，真实地描绘出来 13 世纪大元帝国上都的繁荣城市景象和优美自然风光。

发现问题

我们想了解：

1. 蒙古族文化艺术都有哪些？
2. 为什蒙古族日常生活总和银具分不开？
3. 元朝时期文化艺术空前发展，主要有哪些突出贡献？
4. 元青花为何举世闻名？
5. ________________
6. ________________

探索学习

组建探索小组 ________________________________

确定探索内容 ________________________________

制定探索方案 ________________________________

分享汇总信息 ________________________________

展示探索成果 ________________________________

探索实践

实践内容 ______________ 实践方法 ______________

实践过程 ______________ 实践结果 ______________

建议与改进 ______________

____

自我评价

自我评价 ________________________________

同学互评 ________________________________

教师评价 ________________________________

收获感受

我的收获与感受 ____________________________

拓展研究

下一步想研究的内容 __________________________

____

综合实践课《历史与文化》课程评价表 （自我成长表）

姓名: 年级: 执教教师:

日 期	组 别	课堂纪律	学习态度	课堂表现	组内配合	收获与感受	同学评价	教师评价

备注:课堂纪律、学习态度、课堂表现、组内配合,均为自我评价部分。请根据自己真实的表现作出评价(优、良、中、差),并写出收获与感受:本节课学习过程中最大的收获是什么?请真实书写。

同学评价:请同学对你作出客观真实的评价与建议

教师评价:从课堂的整体表现给出评价(更多应体现鼓励、欣赏以调动学生之兴趣与参与活动的积极性)。

蒙古族艺术文化

探索艺术文化魅力（6课时）

一 文化知识的准备（2课时）

1. 自由分组，组建合作小组。
2. 讨论如何学习了解关于蒙古民族艺术文化的发展、表现形式，种类等内容。
3. 组内分工，按各自分工去去收集查找关于蒙古族艺术方面的知识。
4. 课上组内分享各自学习了解的知识，并将其组合串联成一个完整的知识体系，并指派一个同学将组内收集查找的学习资料整理装订，以便下节课展示及课后总结需要。
5. 各小组派代表与全班同学分享自己小组所学习了解的关于蒙古族艺术文化知识，并鼓励学生根据小组发言可提出自己的问题或质疑，发言方给予解答。
6. 教师给予补充和指导。

二 艺术鉴赏（2课时）

1. 学生鉴赏：通过视频、图片展示欣赏元青花、皮雕、泥塑、绘画等艺术作品，增强艺术欣赏能力，提高艺术欣赏品味。
2. 讨论：（1）这些作品与自己所了解的有哪些不同？
（2）从这些艺术作品中你看到了什么？想到了什么？

三 收获与感受（2课时）

每个小组派代表总结分享这节课的收获与感受，在合作的过程遇到哪些问题如何解决，有哪些收获，有哪些需要改进的，并请其他小组成员给予评价。

四 教师总结

教师根据小组在本单元中的表现、参与、收获，进行总结。

360图片

行走世界——参观美国普林斯顿大学博物馆

普林斯顿市位于美国东北部新泽西州，是 2015 年我们第一次走访美国时到达的第一个城市。这是一座别具特色的乡村都市，因普林斯顿大学而闻名世界。城市不太大，约有 3 万人，交通方便，距离纽约和费城只需大约 1 小时车程。大多市民生活富裕，生活恬静而又安详，文化氛围浓厚，能感受到一种说不出来的贵族气息，这些气息在普林斯顿大学、街边的咖啡屋甚至卖巧克力的门店里都能感受到。

2016 年我们再次来到这座美丽而富有贵族文化气息的都市，并走进普利斯顿大学美术博物馆，感受它那厚重的历史文化。

馆内大约有六万件藏品，从古代到现代的艺术品都有，主要为地中海、西欧、中国、美国和拉丁美洲的作品。

博物馆分为三层，一层是纪念品商店，二层和地下一层为展区。走入二层展厅，就像是进入了美术的世界。二层分为四个展厅，每个展厅都风格迥异：从古典的油画，到取材独特的黑白照片；从精心摆放的乱麻球又到阳光下绚丽多彩的窗画。

而地下一层则布满了中国、埃及、罗马、玛雅等古代文明的艺术品。其中中国的展品主要是青铜器、玉器、书画、石雕等，在介绍展品的同时也在无声地向游客们述说着一种文明的成长经历。整个博物馆都没有讲解员，也许是怕讲解员的声音影响了陶醉于其中的游客。但展厅的解说牌却做得十分详尽，不仅为游客讲述了展品的出处、年份、作者，还向游客介绍了展品的作用和故事。

据说普林斯顿大学美术博物馆建立的目的是使学生直接以及长期地接受世界级美术作品的影响和熏陶，同时也可以对学校美术系的教学和研究做到补充。这也是美术博物馆长期以来的首要功能。我认为这也是我们国内的教育需要补充的一点，要给学生提供一个可以看见、可以触摸、可以感受的环境，而不是仅凭描绘和想象。

祭 祀

祭祀是古代蒙古族社会生活中的大事。蒙古族世代生活在大草原上，其祭敖包、祭天、祭祖、祭火、祭祀成吉思汗、祭苏鲁锭与禄马等风俗，充分体现了游牧民族的民族特点及其长期信仰萨满教、佛教，深受汉、藏习俗影响的文化特征。祭祀风俗是建立在一定经济、政治基础上的文化现象，蒙古族诸祭祖风俗的形成、演变，正是其经济生活、政治生活发展、变化的反映。

/ 成吉思汗陵祭祀 /

是一个重大的祭事活动。每年农历三月二十一日、五月十五日、八月十二日和十月三日，在鄂尔多斯伊金霍洛举行四次隆重的祭奠活动。祭成吉思汗陵，这是蒙古民族最隆重、最庄严的祭祀活动，简称祭成陵。成吉思汗是蒙古民族崇敬的民族英雄，他在13世纪初统一了蒙古各部，建立了蒙古汗国，横跨欧亚两洲，震撼世界，成为“一代天骄”。蒙古民族祭祀成吉思汗的习俗，最早始于窝阔台时期，到忽必烈时期正式颁发圣旨，规定祭成吉思汗的各种祭礼，并使之日臻完善。现今鄂尔多斯伊金霍洛旗成陵的成吉思汗祭典，就是沿袭古代传说的祭礼。祭礼一般分为日祭、月祭和季祭，都有固定的日期。祭品齐全，皆供整羊、圣酒和各种奶食品，并举行隆重的祭奠仪式。每年阴历三月二十一日为春祭，祭祀规模最大、最隆重，各盟市派代表或个人前往伊金霍洛旗的成陵奉祭。

/ 达尔扈特守陵人 /

成吉思汗陵的守护者和主持祭祀者为达尔扈特人。最初为守护和祭奠成吉思汗八白室，从成吉思汗宫廷守卫者中挑选出五百户人。

他们在每年的十二个月里不分昼夜、一丝不苟地守护和供奉成吉思汗陵寝及战旗苏勒德，不纳任何税，不服任何兵役，并拥有以祭奠成吉思汗的名义，征收募化祭祀用品的神圣权力，因此称为达尔扈特人，这些达尔扈特人由供奉成吉思汗陵寝的西牙门图德和守卫成吉思汗战旗苏勒德的东牙门图德两大部分组成，牙门图德是主持成吉思汗祭奠，同时管理达尔扈特一切事务的人员。

供奉和祭祀成吉思汗陵寝的达尔扈特是由成吉思汗亲信博尔术后代及所属部落人组成。守卫和祭祀成吉思汗战旗苏勒德的达尔扈特人是由成吉思汗的丞相木华黎后代及所属部落人组成。

/ 祭苏鲁锭 /

苏鲁锭是成吉思汗的军旗或军徽，是蒙古族最珍重的古代文物之一，珍藏于鄂尔多斯高原的成吉思汗陵园内。苏鲁定是成吉思汗远征时所向披靡的旗徽，又是太平无事时的吉祥物。

蒙古族在每年阴历三月十七日，都隆重举行祭苏鲁定的仪式。祭祀时，祭桌上摆放了整羊，还有马奶酒、奶食品等供品。参加祭祀的蒙古族络绎不绝，各自带着祭品，虔诚地叩拜苏鲁锭，借以表达对成吉思汗的敬仰，缅怀成吉思汗的丰功伟绩。

/ 祭天 /

蒙古语叫“腾格里”。认为天是世界万物的最高主宰，它不仅操纵着自然界的一切，也操纵着人类的命运。它赋予人们各种权利，也能给人们各种灾难。古时，蒙古人对天是非常崇敬，把天称为“慈悲仁爱的父亲”。凡事都要向天祈求，保佑平安。在《蒙鞑备录》里记载：“其俗最敬天地，第事必称天，闻雷声则恐惧，不敢行师，曰：天叫也。”《元史》说：“无兴朔漠，代有拜天之礼。”每年都要举行祭天的仪式。

/ 祭火 /

蒙古人十分崇拜火，这是因为他们的祖先笃信具有自然属性和万物有灵观念的萨满教，认为火是天地分开时产生的，于是对“渥德噶赖汗·额赫”（火神母）更加崇敬。祭火分年祭、月祭。年祭在阴历腊月二十三举行，在长者的主持下将黄油、白酒、牛羊肉等祭品投入火堆里，感谢火神爷的庇佑，祈祷来年人畜两旺、五谷丰登、吉祥如意。月祭常在每月初一、初二举行。此外还有很多有关火的禁忌反映蒙古人对火的崇敬，如不能向火中泼水，不能用刀、棍在火中乱捣，不能向火中吐痰等。

/ 祭敖包 /

“敖包”是蒙古语音译，亦作“鄂博”“脑包”等，汉语的意思为“高堆子”。原是指在游牧交界之处及道路上用石块或泥土堆积起来以作标记的石堆或土堆。正如《清会典》所记：蒙古“游牧交界之所，无山无河为志者，垒石为志，谓之敖包”。

后来逐渐被视为神灵的居所，被作为崇拜物加以祭祀和供奉。于是，原来的界标、路标就变成了祭祀山神、路神、村落保护神等神灵的场所。而且可以根据需要选址建造。过去内蒙古各盟市、苏木和寺庙等都有自己公用的敖包，富裕的人家还建有家敖包，每座敖包还有各自的名称。

敖包一般均建于地势较高的山丘之上。多用石块堆积而成，也有的用柳条围筑，中填沙土。一般呈圆包状或圆顶方形基座。上插若干幡杆或树枝，上挂各色经旗或绸布条。包内有的放置五谷，有的放置弓箭，有的埋入佛像。敖包的大小、数量不一。一般多为单个体，也有7个或13个并列构成敖包群的，中间的主体敖包比两侧（或周围）的要大些。

过去，祭敖包活动多在农历五至七月水草丰美、牛羊肥壮的季节进行。届时，本旗县甚至附近旗县的群众都纷纷扶老携幼，携带着哈达、整羊肉、奶酒和奶食品等赶来敖包处。先献上哈达和供祭品，再由喇嘛诵经祈祷，众人跪拜，然后往敖包上添加石块或以柳条进行修补，并悬挂新的经幡、五色绸布条等。最后参加祭祀的人都要围绕敖包从左向右转三圈，祈神降福，保佑人畜两旺。祭祀仪式结束后，还常常举行赛马、摔跤、射箭、投布鲁等传统体育活动。

发现问题

敖包有什么寓意吗?

我们一起去了解它的文化吧!

你注意过草原上的敖包吗?描述一下你见过的敖包

蒙古人为什么喜欢祭敖包?

找一找有苏力德的图片或照片,注意它的位置

我想知道:

1. 什么叫敖包?
2. 敖包有哪些意义?
3. 蒙古人为什么祭敖包?
4. 如何祭敖包?
5. ____________________
6. ____________________

探索学习

组建探索小组 ____________________

确定探索内容 ____________________

制定探索方案 ____________________

分享汇总信息 ____________________

展示探索成果 ____________________

探索实践

实践内容 ____________ 实践方法 ____________

实践过程 ____________ 实践结果 ____________

建议与改进 ____________

____

自我评价

自我评价 ________________________________

同学互评 ________________________________

教师评价 ________________________________

收获感受

我的收获与感受 ________________________________

拓展研究

下一步想研究的内容 ________________________________

____

综合实践课《历史与文化》课程评价表　（自我成长表）

姓名:　　　　　　年级:　　　　　　执教教师:

日期	组别	课堂纪律	学习态度	课堂表现	组内配合	收获与感受	同学评价	教师评价

备注:课堂纪律、学习态度、课堂表现、组内配合,均为自我评价部分。请根据自己真实的表现作出评价(优、良、中、差),并写出收获与感受:本节课学习过程中最大的收获是什么?请真实书写。

同学评价:请同学对你作出客观真实的评价与建议

教师评价:从课堂的整体表现给出评价(更多应体现鼓励、欣赏以调动学生之兴趣与参与活动的积极性)。

蒙古族祭祀文化

探索蒙古族祭祀习俗（6 课时）

一 文化知识的准备（2 课时）

1. 自由分组，组建合作下组。
2. 讨论如何学习了解关于蒙古民族祭祀文化，在千百年的演变中蒙古族形成了自己独特的风俗，他们祭山、祭水、祭火等等，为什么他们会有这么多的祭祀活动？除了这些以外还有哪些重要是祭祀？从这些祭祀活动中可以看出蒙古民族是一个怎样的民族？
3. 组内分工，按各自分工去收集查找关于蒙古族祭祀活动方面的内容。
4. 组内分享各自学习了解的知识，并将其组合串联成一个完整的知识结构，并指派一个同学将组内收集查找的学习资料整理装订，以便下节课展示及课后总结需要。
5. 各小组派代表与全班同学分享本小组所学习了解的关于蒙古族祭祀文化方面的知识，并鼓励学生根据小组发言可提出自己的问题或质疑，发言方给予解答。
6. 教师给予补充和指导。
7. 要求各小组根据自己学习了解的蒙古族祭祀文化的内容制定一个各自小组的展示活动方案（用自己擅长的方式将所学的内容展示给大家，这也是一种学习和交流的方式）。
8. 分配任务，每个同学按各自的任务去准备。

二 视频展出 成吉思汗陵祭祀活动（2 课时）

1. 观看成吉思汗陵祭祀活动
2. 讨论：（1）是什么样的信念让成吉思汗祭祀成为一个传奇？
（2）从达尔扈特守灵人，800 年间的坚持中你看到哪些值得我们学习的地方？你对蒙古族有了哪些新的了解？你认为他们是一个怎样的民族？

三 收获与感受（2 课时）

总结分享本单元的收获与感受。在研究探索过程中及专家讲座中有哪些收获。并书写成文字，由科代表收集、装订成册。

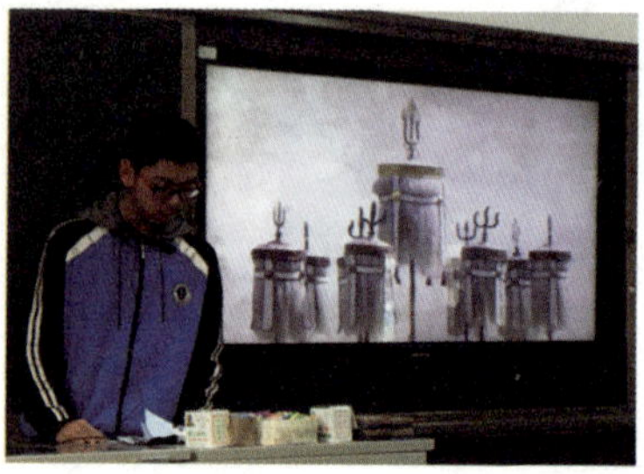

四 教师总结

根据各小组在实践中的表现给出本单元的评价。

蒙古族文化探寻
—祭祀文化

文明好学
认真刻苦
蒙古族文化探寻
—祭祀文化

蒙古族祭祀文化

文明好学
认真刻
蒙古族文化探寻
—祭祀文化

蒙古族的祭祀

蒙古族是一个崇尚自然和敬畏自然的民族，他们觉得世间万物都是有灵性的，必须带着一颗感恩的心去对待，感恩世间万物带来的恩泽。所以祭长生天、祭星星、祭敖包、祭山、祭河流、祭火。小时候父亲每年都举行各种祭祀活动，腊月二十三要祭拜火神，新年初一要祭拜星星，每年三月要祭拜山，每到一个地方要祭拜那里的地神等等。

这些祭拜中属腊月二十三的祭祀非常隆重，听老人们讲这一天是火神密仁扎木勒哈降生的日子。腊月二十就开始打扫庭院、擦玻璃、购买漂亮的画纸糊棚（这里指的棚是房顶子，过去的房顶子是由高粱米的杆子制成龙骨，再在外面用各种纸将其糊上，为了美观也是为了保暖）、购买石灰粉刷墙面、清洗被褥等等，总之要把过去一年里的灰尘都要进行彻底清扫。然后准备祭品，炒米、茶叶、红枣、黄油、羊胸脯肉等。腊月二十三晚饭后，父亲点燃一把香，绕行住宅一周，来到准备好的火撑子前，举香在火撑子左右各绕三圈，把香插在火盆内，祭仪便算开始，将准备好的祭品投掷进火撑子中，火烧的旺盛预示着来年的生活红红火火，然后大家围坐在火撑子四周准备招福。

到了我们这一代，生活的环境发生了很大的变化，从草原走进城里，从平房搬进楼房，很多习俗文化也发生了一些变化。每年的腊月二十开始我们依照旧的习俗清扫庭院、擦玻璃，也准备羊背子、红枣、黄油，腊月的二十三也会祭祀火神，只是祭祀的地点从过去的院子变成今天的高楼里，过去是将这些祭祀的食物投掷进火撑子中，如今只能摆放在这里进行祭祀。无论表现的形式发生哪些变化，但我们心中对自己民族文化的热爱没有发生变化。

“燧石为母，镰铁为父，
榆木的生命，仁慈的火神。
奉上满杯的美酒，奉上丰盛的祭品。
祈求人丁兴旺，祈求五畜昌盛……
福来！福来！福来！福来！”

参考资料

《蒙古秘史》 巴雅尔标音本 译

《千年风云第一人》 巴拉吉尼玛 额尔敦扎布 张继霞 编

《蒙古史》 普兰诺·卡尔平尼 著

《出使蒙古记》（英）道森 编

《史集》（波斯） 拉施特 著

《西游录》耶律楚材 著

《马可波罗行记》马可波罗 著

《蒙古族全史（教育卷）》 王风雷 著

《蒙古族民族浅谈》白歌乐 著

《蒙古族饮食图鉴》裴聚斌 著

《蒙古族音乐史》呼格吉勒 著

《中国长调民歌》乌兰杰 著

《蒙古族传统民歌》苗金海 著

《蒙古族社会历史调查》 内蒙古自治区编辑组 著

《蒙古族古代交通史》德山 著

《蒙古族全史（教育卷）》 王风雷

《蒙古族服饰文化》乌云巴图 著

《蒙古族服饰图鉴》那仁夫 著

《阅读草原》贺志宏 著

《蒙古族十大杰出科学家》巴拉吉尼玛、张继霞 主编

《蒙古族风俗习惯鉴赏》斯琴高娃 著

《蒙古族民族浅谈》白歌乐 著

《蒙古族禁忌汇编》白歌乐 著

《蒙古族医药学》关祥祖 著

《蒙古族传统疗法》图门巴雅尔 著

《蒙古医学简史》巴·吉格木得 著

《蒙古族全史（医药卷）》 杭盖 著

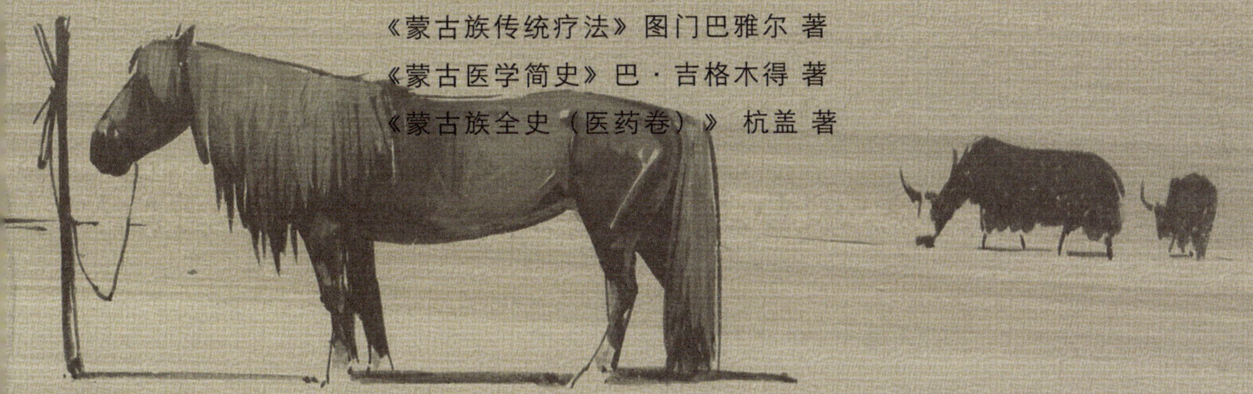